资本市场：现代金融的核心

马险峰 著

中国财政经济出版社

图书在版编目（CIP）数据

资本市场：现代金融的核心/马险峰著．—北京：中国财政经济出版社，2013.3

ISBN 978－7－5095－4288－0

Ⅰ．①资…　Ⅱ．①马…　Ⅲ．①资本市场－研究　Ⅳ．①F830.9

中国版本图书馆 CIP 数据核字（2013）第 032727 号

责任编辑：郁东敏　　责任校对：张　凡

封面设计：李运平　　版式设计：董生平

中国财政经济出版社 出版

URL：http：//www.cfeph.cn

E－mail：cfeph @ cfeph.cn

社址：北京市海淀区阜成路甲 28 号　邮政编码：100142

营销中心电话：88190406　北京财经书店电话：64033436　84041336

北京京华虎彩印刷有限公司印刷　各地新华书店经销

787×960 毫米　16 开　14 印张　160 000 字

2016 年 5 月第 1 版　2016 年 5 月北京第 1 次印刷

定价：32.00 元

ISBN 978－7－5095－4288－0/F·3476

（图书出现印装问题，本社负责调换）

本社质量投诉电话：010－88190744

打击盗版举报热线：010－88190492，QQ：634579818

序

金融是现代经济的核心，资本市场是现代金融的核心。核心，好似植物的种子，承载着生命繁衍，蕴含着遗传密码，代表着事物最重要、最基本的性质。因此，核心就是事物存在的基本方式，认识事物必须认识其核心，或者说认识事物的主要矛盾或矛盾的主要方面，这样方能取得事半功倍之效。从核心论的角度看，在金融发展历程中，尽管商业银行曾发挥着核心作用，但从现代金融体系来看，其核心应是包括证券和期货在内的资本市场。

资本市场能够担当现代金融的核心，主要是因为资本市场在配置金融资源的广度和深度方面比其他金融市场更胜一筹。市场经济的基本特征是市场在资源配置中发挥着决定性作用，而在现代金融体系中，资本市场在金融资源配置中则发挥决定性作用。考察发达国家及发展中国家或地区的现代金融市场体系，发现虽然各个资本市场功能存在一定差异，但从总体上看，其在资源配置中的决定性地位是较为突出的。

从发达金融市场，特别是从美国来看，其资本市场的核心作用，主要体现在以下方面：一是股票市场，目前其5 000余家上市公司中许多公司都是社会生产力的重要代表，是各行业中的龙头企业，代表着美国经济体系的主要创新能力和国际竞争力，其股票价格涨跌也引导着资本资源不断流向优质公司，推动创新经济的持续发展。二是债券市场，交易着全球规模最大、流动性最高的各类债券品种，为美国各类和各级政府等提供着融资、流动性管理和风险定价功能。三是期货市场，交易着包括金融、能源、金属、化工以及农产品等在内的数百种期货品种，为全球商品与金融现货市场参与者提供价格信号与风险管理功能。而且，从2008年美国次贷危机引发全球经济金融危机的影响来看，美国房地产周期与资本市场的周期共振，导致了雷曼、贝尔斯登等投资银行倒闭并引发连锁效应，最终使美国甚至全球经济出现1929年大危机后最严重的经济衰退，从反面表明资本市场对经济运行的关键作用。

我国资本市场在配置金融资源方面有其突出贡献，发挥着积极作用。一是从股票市场来看，2015年境内上市公司2 827家，其中绝大部分都是各行业的龙头企业，上市公司实现营业收入29.42万亿元，净利润2.64万亿元，股票市场已成为市场化配置资本的重要场所。二是从债券市场来看，2015年全国各类债券余额46.4万亿元，是各类企业和各级政府非常重要的债务融资场所，为中长期资金配置提供交易价格和流动性管理平台。三是从期货市场来看，目前有52个期货品种，涵盖金融、金属、能源化工和农业等主要产业领域，2015年交易量为35.78亿手、成交金额554万亿元，为我国企业生产经营和个人财富投资提供了必要的风险管理手段。

作为新兴加转轨经济中成长起来的中国资本市场，其配置金融资源的能力还受到多种条件制约和环境影响。例如，在利率尚未市场化的条件下，由于信贷资金配置还在一定程度上受到管制利率和信贷额度的影响，资本资产价格就难以准确反映资本的稀缺程度；同时，受证券法规体系、信用体系、投资文化、公司治理水平等因素的影响，也对其配置能力形成较大制约。但我们也看到，资本市场的快速发展，为各经济要素的市场化配置提供了基础平台，完善了现代金融体系，促进了企业质量的提升，弘扬了创新创业文化，推动了经济社会的全面发展。

如果说资本市场是现代金融的核心，那么，要更好的发挥金融对实体经济的推动作用，就要更好的增强资本市场的功能作用，要抓住深化资本市场改革这一金融改革的核心，加快推进资本市场健康发展，充分发挥资本市场在金融资源配置中的决定性作用。资本市场配置金融资源的基本特点在于效率优先，通过资本资产价格的涨跌波动，把资本配置到对其使用效率最高的企业与行业中去。深化金融改革，就要以效率优先，更好地发挥资本市场的核心作用，显著提升直接融资比重，促进新兴产业发展，切实服务经济转型，大力助推践行中国梦。

本书是作者长期从事资本市场工作的思考结果，是已公开发表作品的合集。本书内容仅代表作者个人见解，谨供读者参考借鉴。因资料和水平所限，错误疏漏在所难免，祈望大家批评指正。

目录

金融危机是通过破坏性的强制作用来校正金融制度的缺陷，从而推动金融制度的完善与资源配置的优化。美国金融危机前5年，主要发达国家房价均持续攀升，房屋总值随之从约30万亿美元升至70多万亿美元。20世纪80年代后半期的日本房地产泡沫、20世纪80~90年代的泰国房地产泡沫以及20世纪30年代美国部分地区的房地产泡沫，均引发当事国局域性甚至全球性的金融危机。

美国期货交易委员会从2007年开始实施第3个“五年规划”，此时正值美国次贷危机，但美国期货市场基本未受危机影响。研究借鉴美国期货监管五年规划，对科学制定我国期货市场发展规划、加快市场发展具有重大意义。

通用汽车公司和克莱斯勒公司仅用了2个半月的时间，就完成了从申请破产保护到审理结案的全部程序，美国各界也都反映平静。投资者和债权人能冷静面对，这与2001年安然公司的破产有着天壤之别。是法律的完善，还是危机的催促？是政府的支持，还是市场的选择？

美国、欧盟、日本的合格投资者制度和投资者适当制度，为各类投资者在资本市场上的投资行为提供了制度性的保护。我国在向"特定对象"发行证券的活动中是否也应该建立"合格投资者制度"？如何建立？

2011年9月，美国财政部开始招募60余人的高层次金融研究人才，并期望这些研究人才能够即刻在金融研究办公室上班。金融研究办公室隶属于美国财政部，是一个与美国证交会和美国期交会具有同等行政级别的专业研究机构，并且是这次金融监管改革方案中继金融稳定监督委员会和消费者金融保护局之后的第三个国家级金融监管机构。金融研究办公室提供独立、客观和公正的研究意见，对系统风险和金融稳定进行跟踪研究，供美国相关金融监管机构决策参考。

由美国次贷引发的金融危机，对国际资本市场发展与监管产生了深远影响。这次危机与以次贷作为基础产品的场外金融衍生品有密切关系，美国也已对场外衍生品监管体制进行改革，这对我国有重要启示。我国应加快发展金融期货市场，进一步完善相关监管体系，增强金融国际竞争力，使资本市场在大国博弈和经济金融全球化中发挥更加重要的作用。

新千年伊始，英国对金融监管体制进行了全面的改革，在合并原来10家金融监管机构的基础上，建立了单一的金融监管机构——金融服务监管局（Financial Services Authority，简称金融监管局或FSA），这一改革引起了国际金融界的广泛关注，也对各国金融监管体制的改革产生了很强的示范作用。分析研究英国金融监管体制改革，对深化我国金融监管体制改革和促进我国金融发展具有重要借鉴意义。

我国资本市场取得了令人瞩目的成就，已成为全球最大的新兴市场，但与发达市场相比，我国市场在发展阶段和发展模式方面存在较大差异。如美国市场产品极为丰富，金融自由化程度高，甚至出现金融创新过度、引发金融危机，而我国金融还比较落后，资本市场不发达，直接融资比重偏低，资本市场具有很大的发展空间。在今后相当长一段时期内，创新发展仍是我国资本市场的主题。

股市“泡沫”存在于股价之中，存在于流通市值之中。每一个的“泡沫”都与二级市场的投资者密不可分。分析“泡沫”存在的可能、存在的环节、存在的成本，有助于投资者增强风险意识，有助于市场经济文化的形成。

金融深化理论是当代金融发展理论中最具影响力的理论之一。借鉴和运用金融深化理论的基本原理，分析在中国金融深化条件下资本市场发展战略，分析资本需求控制战略及其缺陷，提出我国资本市场发展应着重培养资本供给，发展非银行金融机构，培育资本市场主体，建立与社会广义市场经济相适应的、完善的现代资本市场体系。

在市场经济中，资本市场占据重要地位，成为经济运行的枢纽。资本市场的发达程度，已经成为一个国家市场经济体制完善程度和经济发展水平的重要标

大连商品交易所成立于1993年，与国际上成熟市场的期货交易所相比，是年轻的交易所，无论是从市场容量看，还是从对经济的影响力看，都存在较大的差距，但经过近年来快速发展，大连商品交易所已初步发展成为全国最大的农产品期货交易所。在大连商品交易所上市的玉米、大豆期货已成为与国际市场密切联结、相互影响的重要品种，为市场功能的充分发挥奠定了坚实基础。

作为稻谷家族的主力品种，粳谷已占稻谷产销量的40%以上，主要用于口粮消费，其价格变动对人们生活和经济运行具有较大影响。粳谷是我国具有国际竞争力的优势粮食品种，代表着我国稻米市场的发展方向。按照国务院关于推动资本市场改革发展的有关政策要求，适时开展粳谷期货交易，对于我国稻谷产业发展、深化粮食流通体制改革、完善农产品期货市场体系等具有重要意义。

近年来，随着我国经济对外开放的不断提高和与国际经济联系日益密切，我国也将不断受到国际原油市场价格波动的冲击，不断承受国际商品价格风险的影响。同时，少数国际机构可能操纵石油等重要能源和基础原材料价格，使原油价格严重超出经济运行的实际水平，加大了我国经济增长的成本。我国应发展

"海绵效应"
——美国房地产周期与金融危机反思①

美国总统奥巴马于2010年7月21日签署的《多德—弗兰克华尔街金融改革与消费者保护法案》(简称《多—弗法案》),是美国试图结束金融危机的重要标志。该法案也是继1929年大危机后颁布《格拉斯—斯蒂格尔商业银行法》以来,对美国金融改革影响最深远的一部法案。尽管这次危机不可能停止美国发展的步伐,但在一定程度上会改变美国金融发展的方向和世界的未来格局。这次危机以及泰国危机、日本危机等,都源自房地产业的周期性调整。那么,房地产如何引发金融危机?在什么条件下会引发金融危机?

我们认为,这主要是基于房地产业的金融性质。房地产作为大型资产,其价格的周期性波动易于引发巨额金融资源的流动,即:当房价持续上涨时,大量信贷资金通过房屋贷款进入房地产需求领域;当房价持续下跌时,购房人还款违约增加,容易造成银行呆账、坏账或者证券化产品投资者的损失,特别是在金融制度安排不当的情况下,会造成金融秩序混乱、金融机构破产、社会消费水平下降及经济衰退。

---

① 本文完成时间为2010年9月13日,刊登在上海期货交易所主办的《期货与金融衍生品》2011年1月总第57期。

在这里，我们将房地产业周期波动带来的巨大资金吞吐现象或者房地产业的金融本质，称为“海绵效应”。但我们也知道，房地产价格周期波动并不必然引发金融危机，较高的首付款比率、良好的金融监管和必要的周期调控措施，都可有效避免危机的发生。美国危机对我国的重要启示是：良好的监管可以避免未来危机的发生，我国需加快金融发展，加强金融监管，保持经济繁荣。

一、危机的起源：房地产业的周期性调整

（一）历史上最长的房地产周期：房价指数长期持续上涨

20世纪70年代中期至此次金融危机爆发，期间尽管发生过储贷危机，但全美住房价格指数一直呈现长期上涨态势，且持续时间之长、上涨幅度之大是美国历史上罕见的。以1991年第1季度为基数100%，到2007年第2季度，美国房价指数涨幅达到224%（2010年第1季度调整至193%，见图1）。2005～2007年，美国住宅价格相对于历史通货膨胀水平、重置成本、租金以及消费者收入，大约达到其应有价值的2倍以上。

（二）基于人口规律的房地产周期

这次美国房地产价格之所以经历了长期上涨过程，主要是基于美国的人口增长，特别是第二次世界大战后“婴儿潮”成员长大，成为美国房地产消费的主力，形成长期、持续、规模巨大的房地产需求。人口增长要成为房地产价格

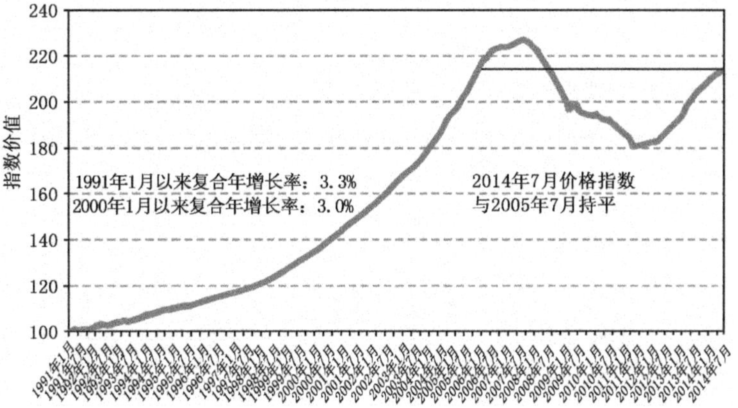

图 1　1991 年 1 月 ~2014 年 7 月美国每月房屋价格指数

注：季节因素调整后的指数。

资料来源：美国住房金融管理局网站，www.fhfa.gov（FHFA，The Federal Housing Finance Agency）。

周期波动的主要因素，必须具有相应的条件，包括经济持续发展、人均收入增长、房屋产能较高及房地产市场制度相对完善等，而这些条件在美国都是具备的。

统计表明，美国人一生中大致经历四次购房高潮。第一次是购买起点住宅，平均年龄 31 岁；第二次购置改善型住宅，换购更好、更大的住房，平均年龄 42 岁；第三次购置度假房产，平均年龄 48 岁；第四次购置退休住房，平均年龄 58 岁。在这四次购房高潮中，第二次置业支出最大，对房地产周期最具决定性影响。

美国“婴儿潮”成员出生于 1946 ~1964 年，是美国历史上人数最多的一代人，出生率比正常年份平均高约40% ~50%，总计约 7 800 万人，占目前美国成年人口的 35%，占劳动人口的 41%（见图 2）。“婴儿潮”成员在 1976 ~1990 年结婚买房，出现第一次置业高峰；1993 ~2006 年进入第二次置业高峰。根据美国住房经纪人协会（NAR）调查统计，“婴儿潮”成员中 97% 的家庭拥有住宅，47% 的家庭还拥有主要住宅以外的土地、出租房、商业地产等不动产，远超过2007年美国68%的平均房屋自有率。

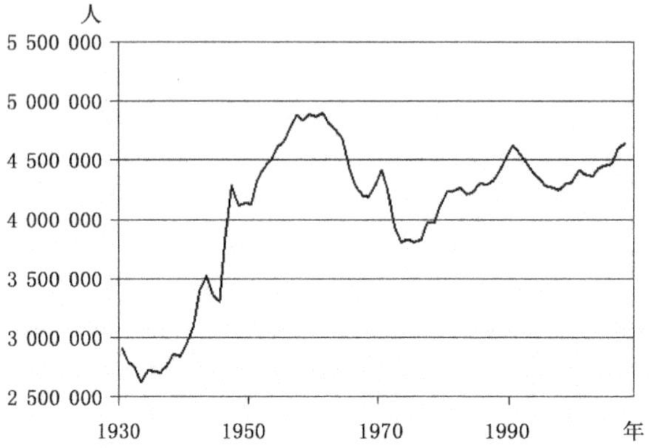

图2　美国新出生人口增长情况表

（经过移民调整后的出生人数）

资料来源：［美］哈瑞·丹特创办的《丹特研究》（Dent Research），2009年，www.dentresearch.com。

“婴儿潮”成员的两次置业高峰，成为推动房价1976～2007年长达31年持续上涨的主要原因。在危机前的2007年，“婴儿潮”成员第二次置业高峰结束，成为房地产价格下调的主要原因。由此可见，即使不发生危机，房地产价格仍会下调，美国经济也会相应调整。但可以肯定的是，如果没有危机的发生，美国经济调整绝不会对世界经济产生如此巨大的影响。

（三）房地产业的金融性质：“海绵效应”与金融危机

这次美国房地产业的长周期，加大了财富效应的影响力。房地产是大型资产，不管是作为消费品还是投资品，购房者往往涉及抵押贷款，形成全社会金融资产的重要投放标的。房地产价格的周期波动，易于引发金融资产的大规模流动和金融问题。

据统计，2008年美国共有永久性住房1.282亿套（另外还有0.044亿套季节性住房）。其中，0.804亿套是独立住房（相当于我国的别墅），占比63%。从长期来看，随着经济的发展，房价会持续上涨，但在经历一定阶段的上涨后，往往会持续下跌一段时间，形成周期性调整。从每套房屋的平均价格来看，1970年为6.53万美元，1980年为9.34万美元，1990年为10.11万美元，2000年为11.96万美元，2007年为19.15万美元。按照2008年总套数估计，2000年美国住房总值为12.96万亿美元，2007年则升至24.55万亿美元。危机爆发以来，美国房价指数下跌约15%，对应的房屋价值下降约3.7万亿美元。如果加上商业地产价值下降，美国不动产总值下降约5万亿美元。

总的来看，美国家庭财产大约一半是住房或者其他不动产。2008年6月，美国仅14家政府担保的住房融资机构提供的房屋贷款就达6.6万亿美元，占全美房屋贷款总额约11万亿美元的一半多。这些政府担保机构提供或担保了80%以上的新住房抵押贷款。当房地产价格持续下跌时，大量贷款人不能按期还款甚至形成负资产，进而引发金融市场动荡、金融机构破产和金融危机。

美国金融危机前5年，主要发达国家房价均持续攀升，房屋总值随之从约30万亿美元升至70多万亿美元。这次楼市泡沫，也超过20世纪80年代后半期的日本房地产泡沫、80~90年代的泰国房地产泡沫以及30年代美国部分地区的房地产泡沫，成为历史上规模最大的一次房地产泡沫。这几次房地产周期波动均引发当事国局域性甚至全球性的金融危机。

二、危机的九项成因：推动形成对房地产过度需求的主要因素与金融制度缺陷

（一）推动形成对房地产过度需求的主要因素

1. 住房抵押贷款证券化与次级贷款

次级贷款的大量发放助长了对房地产的过度需求，缺乏偿还保障的贷款者在房地产价格下调时大量违约，导致次级贷款相关衍生产品价格下跌，最终成为引发危机的导火线。

住房抵押贷款证券化（MBS）为大量发行次级贷款创造了条件。房地产证券化的理论基础来自于20世纪80年代所罗门兄弟公司首席经济学家亨利·考夫曼的一篇研究奶粉和“婴儿潮”的研究报告。报告发现，“婴儿潮”成员长大后出现的第一次购房潮，将至少带来1 500亿美元住房贷款需求。根据20世纪30年代出台的《联邦储备系统Q条例》规定，储蓄利率上限仅为5.5%。但80年代初，为摆脱经济滞胀，特别是遏制高达两位数的通货膨胀，美联储将联邦基准利率上调至19%，住房按揭贷款利率也随之攀升，储贷机构的利率出现严重倒挂。当时，广大储户将大量存款转向其他金融产品，导致700多家传统银行和储贷机构破产。在此背景下，投资银行积极参与，创新出了贷款证券化产品，将住房抵押贷款变成债券，供广大“证券”投资者购买。

21世纪以来，美国对新增贷款的审批逐步放松。特别是对次级信用贷款人，甚至推出选择性抵押贷款（ARM）

产品，即贷款前几年利率很低，助长了对房地产的过度需求和房价上涨。不严格的贷款审批标准（包括很少或不核实收入及零首付）以及设计具有严重缺陷的新金融产品（特别是ARM），成为推动形成房地产泡沫的重要力量。随着住房价格泡沫的增大，越来越宽松的贷款审批标准使得住房价格增值和市场投机达到空前水平。此次危机前，累计发放次级贷款约1.6万亿美元；而以次级贷款为基础产品的次级贷款衍生产品信用违约掉期（CDS）的未清偿合约名义价值在2007年年底时达62万亿美元，2009年6月仍有36万亿美元。

在抵押贷款证券化过程中，从发行者到证券分销商，整个链条上没有人对贷款审批不严的后果负责。部分质量低劣的证券化产品在交易和承销的过程中被转化成了3A级证券。这些证券化产品形式多样，特别是担保债券凭证（Collateralized Debt Obligations，CDO）对房地产泡沫的形成起到了火上浇油的作用，再加上零首付抵押贷款，住房价格投机，以及一些不诚实的经纪人和消费者结合在一起，加大了房地产价格上涨的幅度。在2007年第3季度，当房地产价格下调时，次级贷款拖延支付比率迅速上升，从2007年7月的10%上升到2008年7月的30%以上。

2. 影子银行

所谓“影子银行”，是指除传统银行融资以外的直接融资，投资银行在其中发挥着核心作用。据估算，危机爆发前美国商业银行贷款总额约为10万亿美元，仅占美国融资总额约20%（第二次世界大战结束时约占60%），其他80%的融资由影子银行系统提供。危机前，影子银行体系出现三个突出特征：一是货币市场基金规模显著增长，达4万亿美元，并以买进商业票据的形式直接放贷给企业（其持有7 000亿美元商业票据）；二是债券市场基金规模快速扩张，约2万亿美元，并直接买进企业信贷产品和证券化产品；三是资产证券化成为一个重要融资渠道，通过这条渠道，投资银行和商业银行可以将贷款提供给最终的购房者。雷曼破产后两周内，货币市场基金和债券基金因持有人赎回基金份额，从信贷市场撤出了约7 000亿美元，加重了流动性的短缺。

3. 金融机构杠杆率过高

在房价持续上涨的同时，消费者的杠杆程度不断加深，这主要是由于金融机构不断提高其杠杆率，为房贷市场提供了充足的流动性。这些金融机构主要有：一是银行类机构，包括商业银行和投资银行，一些商业银行甚至依靠使用资产负债表外的套利工具增加其杠杆程度，美国大多数投资银行都大幅度增加杠杆程度；二是对冲基金，一些对冲基金从全球银行和投资银行借钱，利用高杠杆实现快速增长；三是私募股权基金，通过银行和资本市场筹集大量资本，在杠杆收购中的杠杆率越来越高；四是非银行机构，包括抵押贷款银行、担保债务凭证（CDO）管理公司、消费者和商业金融公司，其中一些债券基金也逐步提高了杠杆程度；五是养老金计划和大学基金，通常采用签订大额的远期购买协议（Forward Commitment）来提高杠杆率。

4. 低利率政策

在过去10多年里，特别“9·11”之后的2003～2004年，美联储将基准利率保持在历史较低水平，导致住房抵押贷款利率随之降低（见图3），流动性充足。这也使得投资者不断寻求高收益的投资工具，甚至大量进行场外衍生产品交易。在房地产市场，次级贷款以高出优级贷款5～6个百分点的高收益率，正好适应了这种需要，甚至成为最受欢迎的投资产品。此时，次级贷款被证券化为MBS以及CDO等衍生产品，并改变了它作为银行贷款的本来面目，变成了大量的3A级证券，成为在柜台交易的资本市场产品，资本也从世界各国金融机构的投资资产变成了美国次级信用等级、缺乏偿还贷款保障的购房人的负债。

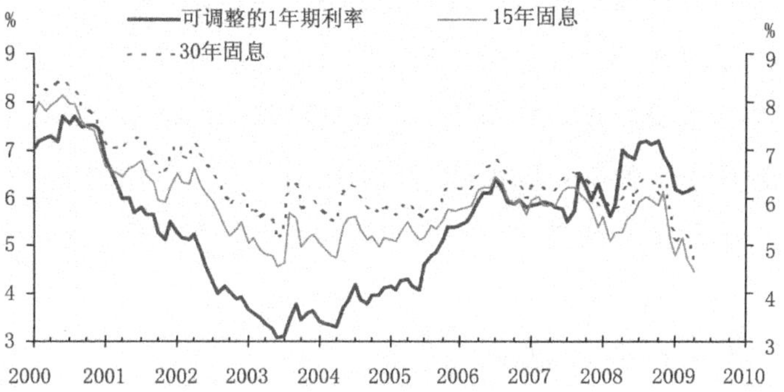

图3　美国抵押贷款利率

资料来源：Datastream，CSI。

5. 贸易不平衡及过度消费

美国巨大的贸易赤字为房地产的过度消费营造了宽松的融资环境。21世纪以来，美国贸易赤字保持在3万亿美元左右，表明美国人从海外买进的商品比他们卖出的多3万亿美元。美国人用美元付账，外国持有这些美元，并将其中的大部分用来购买美国国债和抵押贷款支持证券。客观上，这一过程长期压低了利率水平，并在一定程度上促使风险溢价（信贷息差）长时间处于历史较低水平。低利率和低风险溢价反过来又推动了过度使用杠杆和投机，为低成本融资过度消费创造了便利条件。

6. 内外金融经济环境

美国内外金融经济环境推动了对房地产的过度需要。过去20多年来，世界经济经历了长期繁荣，G7国家GDP快速增长，“金砖四国”增长更加迅速。美国股市尽管经历了互联网泡沫破灭期间的短期调整，但从总体来看是持续上涨，标普500指数数年来几乎没有调整过，平均波动率极低。债券市场稳定发展，各等级债券与国债的息差处于历史最低水平，人们都觉得金融市场没有风险。同时，长期低利率政策使得投资者对回报的要求不断增加，上市公司、证券基金及对冲基金等承受了较大压力。追求年终奖金发放最大化的华尔街高管薪酬制度，也鼓励华尔街的金融机构从事高风险业务，使其可以承受更大的风险，进一步加剧了对高收益证券化产品的需求。

（二）金融制度缺陷

1. 金融结构性风险及其危害

尽管美国金融体系的缺陷和不平衡不是有人有意构建，但当系统风险发生时，其破坏程度也超出了金融系统所能承受的极限。主要有四个方面的结构性风险，其不断恶化并汇聚在一起，对银行体系造成了巨大损害。

（1）房贷资产证券化产品允许以短期融资支持非流动性资产。太多期限较长、非投资等级的住房抵押贷款转化成为期限较短的3A级债券产品，一些银行、对冲基金 、结构化投资工具（SIV）和CDO都曾使用短期融资来支持流动性差的长期资产。当市场恶化时，这些机构无法得到短期融资，被迫出售这些非流动性资产。随着时间的推进，这种借短贷长的不平衡的现象越来越严重，直至金融体系无法支持，从而引发危机。

（2）货币市场基金的结构性风险。货币市场基金这个小的结构性风险，在危机中成为触发市场崩溃的关键点。货币市场基金承诺，一经要求可立即向投资者保证100%的现金赎回。在正常情况下，投资者要求赎回是可以预测的，基金能够满足赎回要求。但天长日久的累积，货币市场基金规模逐步增长到 4 万多亿美元，并且很多货币市场基金持有 30～180 天的商业票据或者资产支持证券。一般情况下，这些票据基本上可以按照票面价值售出，但当雷曼兄弟公司破产后，持有较多雷曼兄弟公司票据的货币市场基金遭受了巨大损失。在之后的两周时间里，投资者从货币基金赎回了 5 000 亿美元，这些基金被迫拼命出售所持资产。投资者逃离房地产信贷基金，转而涌向政府证券基金，银行无法填补出现的差额，使得流动性堤防的裂缝越来越大。

（3）回购融资条款过于宽松，并回购过多的非流动性资产。一般来说，买进非代理抵押贷款证券，金融机构只需提供 2%～5% 的担保资金，而传统标准是 15%～25%。这样，回购市场也开始为证券化衍生产品提供融资，而当恐慌蔓延时，他们就停止提供资金。在雷曼银行倒闭后两周内，因为投资者和银行的撤出，这类融资减少约 2 000 亿美元，金融机构必须再次变现证券以偿还短期借贷，这又加剧了信贷证券化资产价格的下跌。于是，流动性堤防上又增加了一道裂缝。

（4）投资者明智的行动可以保护自己，但金融系统却没有能力应对众多投资者同时进行资产赎回。雷曼兄弟公司破产后，个人投资者、企业、养老金计划、债券和贷款基金、货币市场基金等皆按照自己的利益行事，所有的个体都采取明智的行动，并导致巨额资金流出金融信贷体系，使金融系统中缺乏必要的信贷资金。而在过去，金融监管机构集中关注防范金融系统的主要中介——商业银行发生系统性崩溃。危机表明，也应研究如何防止资本和货币市场上对一些关键性投资工具的“挤兑”。

2. 监管的漏洞与空白

（1）监管存在空白与不足。除货币市场基金存在监管漏洞外，还存在三个方面的监管空白与不足。一是对对冲基金没有监管。二是对许多抵押贷款业务没有监管。一般来说，商业银行的抵押贷款活动应受到监管，但对抵押贷款经纪人实际上没有监管。如美国货币监理署没有对商业银行发放选择性抵押贷款产品进行监管。这些未受监管的贷款采用较低的标准，给受监管的贷款带来压力，迫使受监管的贷款也降低标准，否则无法与不受监管的贷款竞争，呈现“劣币驱逐良币”现象。三是保险监管机构也忽略了规模巨大且不断增加的单方向信贷保险，AIG 和单一险种保险公司在信贷衍生产品上下了单方向赌注，承受巨大风险。

（2）《巴塞尔新资本协议》允许银行运用过高的杠杆率。2004 年出台的《巴塞尔新资本协议》（Basel Ⅱ）存在明显缺陷，它允许金融机构使用内部评级法对复杂产品定价并评估其风险，资本充足率计算中的风险权重来自内部模型，实际上允许其过度使用杠杆。美国证券交易委员会监管下的 5 家独立投资银行采纳了《巴塞尔新资本协议》，美联储及美国货币监理署监管的商业银行未被允许使用。在《巴塞尔新资本协议》下，投资银行放弃了先前保守的净资本限制，大幅度提高了杠杆率，从 2004 年的 12 倍提高到危机前的 30 倍。

（3）对房利美和房地美的监管存在不足。房利美和房地美资产规模均超过美联储。过去 20 年来，它们都急剧地增加了杠杆率。2007 年年底，这两家公司核心资本合计为 832 亿美元，而其资产与担保资产的总额为 5. 2 万美元，杠杆率高达 62. 5 倍。

（4）监管部门较多、责任重叠且权威不够。美国金融监管体系功能不完善，机构设置陈旧，创新不足，监管责任不清及监管机构之间的竞争，在一定程度上导致金融监管的“劣胜优汰”。同时，监管机构缺乏适当的法律法规来处理一些问题。例如，如贝尔斯登和雷曼兄弟公司崩溃之后，暴露出一个巨大而突出的问题——投资银行倒闭时缺乏相应的处理法规。此外，大型跨国金融机构使用不同的业务牌照，在多个司法领域经营业务，但缺乏统一的监管法规。

3. 相关政策措施的顺周期性质

（1）贷款损失准备金制度。当金融市场形势开始变坏时，银行的准备金处于较低水平。因此，当危机发生时，银行不仅仅需要面对更高的坏账，也必须提高准备金水平，进而消耗更多的资本。

（2）交易账户的公允价值计价。在市场变坏时，金融机构资本不足，其大规模变现行为加剧市场下跌，导致需卖出更多的标的证券，进而使其价值进一步降低，形成恶性循环。

（3）证券评级机构的错误。证券评级机构在危机形成过程中，会不断降低金融机构的信用评级。金融机构被降低评级后，就要筹集更多的资本。

（4）商业银行信贷政策。在市场情况不好时，市场自身需要增加资本和流动性，但银行借贷政策往往会变得更加保守，进一步恶化市场形势。

（5）协议融资的作用。协议融资往往是市场好时允许使用最大的杠杆程度，但当市场变坏时，强制要求急剧减小杠杆率，实际上起到了“晴天送伞、雨天收伞”的作用。

（6）《巴塞尔新资本协议》的资本计算方法。随着资本市场的波动性增大，《巴塞尔新资本协议》中的资本计算和风险管理工具增加了对资本的需求，例如，在险值法（VaR）就要求持有证券或贷款时需要更多的资本。

三、美国如何走出金融危机：短期政策与长期改革

（一）财政政策：及时提供财政救助以化解流动性危机、促进经济恢复增长

1. 政府接管

美国政府于2008年9月正式接管发生巨额亏损、陷入全面危机的房利美和房地美。两家公司于2010年6月因不符合上市条件从纽约证券交易所退市。政府持有“两房”各79.9%的股份，实际以其政府信用对“两房”的全部债务提供担保。

2. 政府注资

美联储2008年9月向陷于破产边缘的美国国际集团（AIG）提供850亿美元紧急贷款，并由此获得其79.9%股份。美国财政部、美联储和联邦存款保险公司于2008年10月14日联合制定了总额高达2 500亿美元的银行业注资计划，其中半数用于购买美国九大银行优先股。

3. 非银行机构转型

2008年9月，美联储批准摩根斯坦利和高盛集团两大投资银行转型为银行控股公司。2008年11月，美联储批准美国运通公司转型为银行控股公司。转型后，这些机构有权申请设立可吸收存款的分支机构，还可永久性享受从美联储

获得贴现窗口融资和紧急贷款的权利，获得更稳定的融资渠道。

4. 放宽入股银行的限制

为帮助陷入资金困难的银行获取更多资金，2008 年 9 月 22 日，美联储放宽了长期以来限制私募股权基金和私人投资者大量入股银行的规定，将持股限额从原来的 25% 提高到 33%（其中具有投票权的普通股份可达 15%）。

5. 减税

美国于 2008 年 2 月采取了总额约为 1 680 亿美元的大幅退税方案。2008 年 10 月提出总额 1 100 亿美元、面向企业和中产阶级的减税方案，其中为可再生能源业提供 170 亿美元税收优惠，为 2 000 万名受到替代性最低税收冲击的纳税人提供 1 年税收优惠延期等。同时，美国还降低了薪酬税和消费税税率。

（二）金融政策：实施宽松的货币政策，改善金融监管，以增强投资者信心、减缓经济下滑

1. 利率政策和其他传统政策工具

从 2007 年 9 月 18 日起，美联储连续调低联邦基金基准利率，并在 1 年多时间内从 5.25% 下调至 0.25%；先后 10 余次降低贴现率，并于 2008 年 10 月 6 日起向存款机构法定和超额存款准备金支付利息，同时还多次使用 14 日回购交易等手段，向市场注入流动性。

2. 推动银行业联合，增加流动性

2007 年 10 月 16 日，为避免再次出现信贷紧缩的局面，

以花旗集团、摩根大通和美洲银行为首的数家机构共同出资800亿美元，建立名为“超级流动性增级管道”（M－LEC）的新平台，购买各家银行持有的有关资产，联手增加市场流动性。

3. 注入流动性

美联储于2008年11月12日推出了8 000亿美元振兴方案，用于购买住房抵押贷款及相关有价证券、促进消费信贷。美联储通过推出新的金融工具，为商业银行、投资银行货币市场基金以及非金融类机构放贷。

4. 暂停卖空交易

2008年7月15日，在房利美和雷曼兄弟公司等大型金融机构股价连续大跌的情况下，美国证券交易委员会紧急推出限制“裸卖空”的禁令，禁止对19家主要金融机构股票的卖空。9月19日，被禁止卖空的范围扩大到799只金融股。10月2日，又将暂停时间延长至30天，以防止股市的剧烈波动。

5. 全球监管协作

美联储多次与欧洲、加拿大、日本等央行联合行动，采取扩大货币互换协议为市场注资、向金融机构拍卖美元资金、同步降息等举措，共涉及金额高达4 000多亿美元。2008年10月，美联储宣布无限制提供美元给英格兰银行、欧洲及瑞士央行，用以向私人金融机构提供短期美元资金借贷。美联储同时表示，将与各国央行持续合作，准备采取任何必要措施，为短期资金市场注入足够流动性。

（三）监管改革：重塑金融竞争力

美国《多德—费兰克华尔街金融改革与消费者保护法案》包括16条主要标题、38条次级标题以及1 412小节，全文按照较长排版有2 319页，按照较短的排版也有848页。该法案实际上是对这次金融危机教训的全面总结、对未来金融监管作出的前瞻性规划。该法案涉及内容较为广泛，包括金融稳定、金融研究、交易清算、货币管理机构、对冲基金、银行和存款机构、华尔街透明度、投资者保护、住房抵押改革等诸多方面，但就其核心内容来讲，主要包括金融稳定监管、完善监管体系和加强投资者保护三个方面。就其效果来看，短期可能会加大金融机构的运作成本，在一定程度上限制金融创新与金融发展，但从长期来看，仍具有较强的前瞻性，将进一步提升美国金融的国际竞争力。

1. 加强金融稳定监管，防范系统性风险

一是设立金融稳定监督委员会（FSOC），负责发现、分析、化解金融体系中的系统性风险，向监管部门建议修改监管法规，对大型金融机构实施更严格的监管。二是化解金融机构“大而不能倒”的风险，FSOC有权对具有系统重要性机构在资本金、杠杆率等方面提出更高的要求，建立有序的破产清算机制，并要求定期上报破产清算预案（即所谓的“葬礼计划”），防范破产清算风险。三是调整美联储监管权限，美联储将负责监管资产规模超过500亿美元的银行控股公司，新设一位专职副主席负责银行监管事项，并规定未来美联储的任何紧急贷款计划须获得美国财政部的批准。

2. 改善金融监管，弥补监管漏洞

（1）强化资本金管理机制，对可能造成系统性风险的金融机构，在资本金、流动性、杠杆率等方面提出更严格的要求。如要求资产规模大于150亿美元的银行不能将“信托优先证券”等混合型产品作为一级资本，并要求研究建立逆周期的资本金分配机制。

（2）限制商业银行从事某些高风险业务，限制其从事与客户服务不相关的自营交易，投资于对冲基金和股权投资基金中的权益不超过一级资本的3%。

（3）加强对场外衍生产品交易的监管，规定美国证券交易委员会和美国期货交易委员会共同负责场外市场监管，建立中央清算制度并逐步将有条件的产品转移到交易所市场，要求商业银行将部分业务剥离到资本充足的子公司等。

（4）加强对信用评级机构的监管，要求在美国证券交易委员会内部新设评级机构监管部，加强对评级机构的日常监管，做好年检工作，对严重违规的机构有权撤销其注册资格等。

（5）强化对对冲基金和私募股权基金的监管，要求管理资产超过1亿美元的基金管理机构须在美国证券交易委员会注册，并提供交易和投资组合的相关信息。美国证券交易委员会要对注册机构进行定期检查并每年向国会报告，以确保在加强监管的同时不影响其灵活性。

3. 加强对投资者和金融消费的保护

（1）加强对证券化产品的监管，在确保其积极发挥功能的同时，降低风险水平。

（2）完善上市公司治理和增加高管薪酬透明度。

（3）加强资本市场监管，扩大美国证券交易委员会和美国期货交易委员会的监管职责和经费预算，规定这两家监管机构共制定新规则157项，占法案涉及243项新规则的64.6%。

（4）要求在美联储内部设立消费金融保护局，负责所有面向消费者的金融产品的监管，避免消费者在购买金融产品时受隐性费用、欺骗性条款和欺诈行为的损害。

四、对我国的借鉴：防范危机，保持繁荣

金融危机是通过破坏性的强制作用来校正金融制度的缺陷，推动金融制度的完善与资源配置的优化。据统计，过去160多年来，全球几乎每年都在一定范围内发生金融危机。因此，对一个国家的发展来说，能够做到的是在尽可能避免危机的同时，更要制定预案应对危机。对我国来说，防范和避免危机，保持金融、经济的繁荣与稳定，具有非常重要的意义。“十二五”乃至未来20年，是我国全面建成小康社会并向中等发达国家迈进的关键时期。在这一阶段，传统计划经济因素会逐步减少，市场经济因素特别是金融市场会逐步扩大，与金融市场因素发展相适应的金融监管应不断加强。对此，各方应进一步提高认识，加大相关制度的创新力度，确保金融监管力量的增加能够跟上市场发展的步伐，以切实防范和避免金融危机的发生，服务实体经济可持续发展。

（一）建立稳定监管机构，加强系统风险监管

美国金融发展的阶段、条件与我国有较大差异，但其加强金融稳定监管，对我国仍有较大启示。我国也有必要建立金融稳定监管机构，作为防范未来金融危机的举措。

这次美国危机以及20世纪末的亚洲金融危机、30年代美国大危机等，都与马克思《资本论》中揭示的资本主义工业革命初期生产过剩、有效需求不足引发的危机有所不

同。这些危机的成因，总体上看，是因为金融创新助推了对房地产的过度需求，扩大了“海绵效应”的作用，以及金融制度存在缺陷，金融监管存在漏洞。

长期以来，我国经济面临的主要问题是有效供给不足。在传统计划经济下，短缺经济特点较为明显，经过改革开放30年的发展，目前的情况有所改善，但从社会总供求情况看，特别是从“海绵效应”特征较为突出的房地产业及证券市场看，总体上仍是有效供给不足，而不是需求过度。与此同时，我国金融管制较为严格，金融创新较为滞后，特别是近年来金融市场快速发展和监管体系逐步完善，使我国能够成功经受住美国金融危机的“压力测试”，并取得非常稳健的发展。

从未来发展看，我国人均 GDP 要从目前相当于美国、日本的十分之一，向其约五分之一、二分之一的方向增长，我国资本市场供求规模也会保持相应快速增长。同时，我国“婴儿潮”成员比美国晚十几年，但每年新增人口大体上是美国的 5 倍，其对房地产业和金融市场的影响要比美国更加深刻、更加长远。

我国应借鉴美国金融危机的教训，建立金融稳定监管机构，以防范未来可能发生的金融风险，避免危机的发生。其主要职责是：监管金融资源流动，特别是对具有“海绵效应”的房地产业、证券市场、大宗商品、资金密集型产业等进行跟踪分析，重点监控对系统风险有较大影响的金融机构和产业机构，公布金融稳定分析报告，完善金融风险预警体系。

（二）鼓励金融创新，加强证券监管

近年来我国金融快速发展，“十一五”期间金融资产规模扩大 1 倍以上，其中上市公司市值增加 5 倍以上，但我国

直接金融发展滞后，直接融资比重偏低的现象将长期存在。美国金融监管改革法案中，除加强系统风险监管外，还加强对投资者的保护和对场外衍生产品、对冲基金、私募股权基金、创业投资的监管，扩大了证券监管的边界。而我国证券发展面临的主要任务则是放松管制，鼓励竞争，提高市场效率，服务经济发展。

“十二五”及今后一段时期，鼓励创新、加快发展仍是我国资本市场发展的主要方向。为进一步发挥证券市场作为企业价值发现和资产管理平台的作用，除正在推进的场外市场、国际板市场及债券市场建设外，还应进一步鼓励证券业和基金业的竞争与开放，吸引更多的社会优秀人才进入证券服务业；应鼓励交易所更好地发挥市场创新主体的作用，结合国际交易所发展趋势，允许和鼓励其改制上市；应进一步扩大证券监管边界，研究对私募股权基金、创业投资、对冲基金及私募证券的监管，深化市场功能，服务经济发展方式的转变。

要进一步增强监管力量，优化监管资源配置。美国金融监管改革以来，美国证券交易委员会在其现有 3 500 多名人员编制的基础上，提出了增加 800 人的扩编计划。与我国不同的是，美国证券交易委员会只有 11 个派出机构，现有工作人员主要集中在华盛顿总部；而我国证券监管机构主要人员集中在 36 个派出机构，并且薪酬待遇参照公务员，难以吸引和留住行业优秀人才。随着市场规模的扩大，我们应进一步优化监管资源配置，显著增强监管机构总部力量，明晰管制与监管之间的界限，确保市场监管能够紧跟市场发展的步伐，为证券市场可持续快速发展创造良好条件。

（三）明确战略目标，加强期货监管

美国期货市场以其严格的监管、较高的透明度、较强的

风险管理能力以及较好的服务经济的能力，经受住了这次金融危机的考验，并获得更大的发展空间。金融监管改革法案扩大了期货监管机构的职责和期货市场边界，美国期货交易委员会获得了标准化场外衍生产品交易和结算的监管权，并将负责监管场外衍生产品交易商，提高场外衍生产品市场透明度和增强定价能力，降低公众风险等。美国期货交易委员会将制定一系列新规则，将新法案赋予的监管职责落到实处。为完成新的使命，美国期货交易委员会在当时600多人的基础上，提出了再增加600人的人力资源倍增计划，以增强监管力量，维持美国在国际期货业的领导地位。

我国期货市场肩负争取国际大宗商品定价权的历史重任，并且我国具有作为大宗商品主要消费市场的有利条件。但是，期货市场要取得国际竞争优势，更好地服务于我国在国际贸易中取得公平的市场地位，仍须经历一段较长的发展道路。加快制定期货法、积极发展机构投资者、完善期货品种和清算体系、推进交易所改制、稳步推进期货市场国际化、深化期货监管和增强监管力量等，都是我国期货市场发展与监管亟须解决的问题。

参考文献：

［1］吉米·戴蒙：2009年摩根大通总裁致股东的信（选自摩根大通公司2008年报），《科学与财富》2009年10月号。

［2］吉米·戴蒙：2010年摩根大通总裁致股东的信，摩根大通公司2009年报。

［3］祁斌等：《华尔街的动荡、发展趋势及其启示》，2008年。

［4］祁斌：《谁制造了美国经济的冰山》，2009年。

［5］王欧：《华尔街投资银行的兴衰》，2008年。

[6] 王欧：《局部危机向系统性危机的快速转化——次级贷款危机的传导机制及对我国的启示》，2009 年。

[7] [美] 哈瑞·丹特：《下一轮经济周期》，中信出版社 2009 年版。

[8] 拉斯·特维德：《逃不开的经济周期》，中信出版社 2008 年版。

[9] 余永定：《美国次级贷款的来龙去脉》，《中国报道》2009 年第 1 期。

[10] 谢玲玲：《美国政府救助金融危机的措施及对我国的启示》，《海南金融》2009 年第 7 期。

[11] 甄炳禧：《美国次级贷款危机及其影响》，《环球视野》2008 年第 2 期。

美国期货市场何以在危机中“独善其身”

——美国期货监管第三个“五年规划”及其对我国的启示[①]

美国期货交易委员会（CFTC）在1997年制定了第一个战略规划，《2007～2012战略规划》是其第三个规划。2007年开始实施第三个规划正值美国爆发次贷危机，期间期货市场进一步发展，成交量稳步增长，市场功能有效发挥。美国期货市场基本未受危机影响，甚至在危机中还发挥了更加积极的作用，主要是因为市场运行规范、监管有效；同时，也与CFTC制定明确的发展规划有密切关系。研究借鉴美国期货监管五年规划，对科学制定我国期货市场“十二五”规划，加快期货市场发展，具有重要意义。

美国期货监管第三个规划包括：使命宣言，2007～2012年战略目标及任务规划，业务流程、手段和策略，未来趋势和挑战，跨部门合作，绩效架构，项目评估以及附件等。

---

① 本文作者为马险峰、汪珺，发表在《证券市场导报》2010年第9期。

一、美国期货监管的使命

CFTC 作为负责监管美国商品期货、期权市场的独立机构，由美国国会于 1974 年按照《商品交易法》批准成立。成立后，随着期货交易的迅速发展，交易工具和交易机制的复杂性与日俱增，其职责也不断增加。2000 年 12 月，《商品期货交易现代化法》对 CFTC 重新授权，将其从一线监管执行机构升级为监管者。

CFTC 的监管使命：“保护市场参与者和公众在商品金融期货期权交易中远离欺诈、操纵和交易滥用，建设一个公开、富有竞争力和财务稳健的商品期货、期权市场。”通过监管，促使期货市场有效发挥价格发现和风险防范作用，更好地担当起促进国民经济良好运行的重要职能。

二、长期战略目标

通过制定三个规划，CFTC 确立了四个长期战略目标。

（一）战略目标一：确保商品期货期权市场的经济活力

要发挥商品期货期权市场在国民经济和全球经济中的重要作用，需保证市场有效运行，准确反映供求关系，满足市场参与者的经济需求，消除市场操纵和市场阻塞。

大户交易报告制度是 CFTC 对市场进行直接监管的核

心。该制度要求交易所清算会员、期货经纪商和外国经纪商每天向 CFTC 提交电子持仓报告，报告 CFTC 规定下各类交易者的仓位分布。CFTC 的监察人员利用这些报告，密切关注期货期权市场上的交易活动，防止某些交易者仓位过重，维持市场正常运转。

具体要求：一是使市场准确反映特定商品的供求关系，避免市场干扰行为；二是对市场进行快速有效的监管，及早发现问题，避免对经济活动的不利影响。

（二）战略目标二：保护市场使用者和大众

必须保护市场使用者避免因期货中介机构或期货从业人员的不当行为受到损害，防止欺诈、操纵和交易滥用行为的发生，建立市场使用者的信心。

期货中介机构要进行恰当信息披露，提交客户账户报告，进行公平交易；期货从业人员有更高的专业性，并对其进行专业测试、持续教育和监督，确保其交易行为恰当；要求所有交易行为被精确记录。对参与了各种市场欺诈行为、危害公众利益的期货专业人员进行调查、处以惩罚，树立市场参与者的信心。

具体要求：一是有效阻止违反联邦法律中有关期货期权合约的行为；二是期货从业人员的专业水平需要更上一层楼；三是有效处理客户投诉。

（三）战略目标三：保证市场的完整性，创建公开、富有竞争力和财务稳健的市场

要避免合约清算、结算时可能出现的系统干扰；要保护客户委托给期货经纪商的资金。清算机构和期货经纪商是交易系统的中枢，两者的共同努力可以防范由单个交易者资金

困难引发的系统性风险：一是市场参与者需交纳一定保证金以保证其支付能力；二是交易亏损方每天需以现金形式补充保证金；三是期货经纪商必须将客户资金与自有资金分离。

CFTC 协同期货业协会和交易所，对期货经纪商的财务状况保持密切关注。期货经纪商必须提供各种财务月报、季报和年报。期货业协会和交易所对各自的期货经纪商会员进行每日财务监督和年度审计。CFTC 不仅定期检查期货业协会和交易所的财务监督和审计工作，而且直接对期货经纪商的运营情况进行监管；同时还定期检查清算机构的工作情况，以便控制风险，保护投资者资金。

具体要求：一是清算机构和客户资金持有机构财务稳健；二是商品期货、期权市场能有效进行自我监管；三是杜绝交易滥用行为；四是监管环境能根据市场条件的变化作出灵活调整。

（四）战略目标四：通过高效率的组织管理和资源利用，有效支持委员会完成任务、践行使命

高效率的组织管理是委员会完成任务、践行使命的基石，也是协调华盛顿总部和芝加哥、堪萨斯、纽约各地区分部分工合作的核心。委员会致力于培养高素质的员工，创造现代化办公条件，有计划地完成各个目标。这同时需要在人力、管理手段、体制和基础设施建设上进行大量投入。

CFTC 的主席和委员们不断出台和完善各项政策，以配合《期货交易法》及其修正案、《2000 年商品期货交易现代化法》等法案的实施。2000 年 12 月，由美国国会批准通过、克林顿总统签署的《2000 年商品期货交易现代化法》对 CFTC 的职能范围进行了扩充。CFTC 的各项政策主要服务于以下三大目的：一是培育财务稳健、经济高效的期货期权市场，发挥其价格发现、套期保值功能；二是实行市场和

金融监管；三是保护市场参与者和公众远离欺诈、操纵和交易滥用。

具体要求：一是员工技术过硬、全面发展、高效多产，能够满足委员会现在以及未来的技术、专业需求；二是能够帮助委员会完成任务的安全且现代化的信息技术系统；三是能够及时有效地支持委员会常规或临时业务开展的基础办公设施；四是有效分配、运用财力资源，支持委员会完成战略目标；五是强有力的领导力和执行力，为委员会任务的实施提供良好的组织管理。

三、紧跟市场步伐：2007～2012财年战略目标及重点任务

CFTC2007～2012财年有五项战略目标及相应的重点任务。CFTC时刻监督和衡量工作开展情况，及时作出必要调整，从而与期货、期权市场的发展变化保持一致。

（一）战略目标一：对市场的功能和变化及时感知、快速反应

- 战略重点一：提高信息技术水平和数据质量，及早发现、认知从而适应市场变化。任务：一是升级“联合监管系统”（ISS），即时获取市场仓位信息；二是提高即时保证金和结算行为的信息提供能力；三是提高数据质量；四是开发、使用交易监管系统；五是提高对场外数据的自动化分析和整合能力。
- 战略重点二：提高工作人员的分析能力、决策能力，

及时发现、了解并适应市场变化。任务：一是根据需要定向实施人员招聘计划；二是有针对性地进行员工技能培训，提高员工理解问题、解决问题的速度和能力。

• 战略重点三：系统地利用利益相关者（如行业自律组织、国内外机构、媒体、学术机构及市场参与者等）的资源和智慧，采众家之长。任务：一是定期组织不同目标群体召开研讨会议；二是研究建立最大化利用内部资源集聚外部研究力量的机制。

• 战略重点四：在 CFTC 分支机构间开展及时、富有成效的交流讨论。任务：一是建立内部交流沟通渠道；二是建立内部人员流动机制；三是建立标准化运作程序，规范跨部门的管理合作。

• 战略重点五：培育创造性解决问题的文化，营造市场创新氛围。任务：一是搭建跨部门、专题性的研究小组，分析战略性、前瞻性问题，为领导层提供政策建议；二是邀请外部专家开展教学研讨活动，保持员工知识的不断更新。

（二）战略目标二：对全球期货期权市场的监管手段进行影响和倡导

• 战略重点一：加强 CFTC 的国际项目运作能力。任务：制定国际项目选择计划，重点关注组织架构和功能、所需的员工专业程度、所需的预算投资。

• 战略重点二：建立和发展 CFTC 官员与发达市场、新兴市场上类似组织成员间的私人关系。任务：一是深化与总部在美国的国际救援组织的关系，利用其资源向国外机构提供技术帮助；二是扩大和提升在 IOSCO 及其他国际组织、国际会议中的角色功能和定位；三是访问期货市场发展比较好的国家，与其市场监管者建立私人联系。

• 战略重点三：加强执法能力，获取世界认同，进一步宣扬 CFTC 立场坚定但灵活多变的监管政策。任务：一是向国外市场监管者提供更多技术培训；二是建立一个储存培训资料和参考资料的图书馆。

- 战略重点四：扩大美国进入全球市场的渠道。任务：一是找出并分析目前阻碍美国进入国外市场的障碍；二是密切美国政府和外国市场监管者之间的联系，扩大美国进入外国市场渠道。

（三）战略目标三：有效利用各种资源以完成使命

- 战略重点一：形成规范化运作机制，分析风险，设定目标，分配资源。任务：一是定期召开部门内和跨部门会议，研究讨论各种资源分配方案可能带来的风险；二是在定期进行跨部门风险讨论的基础上，目标明确地运用多种手段，选择合适的市场时机以分配资源。
- 战略重点二：建立对外合作联系，实现资源利用杠杆化。任务：为对外合作制定联络计划，强调杠杆化利用资源的重要性。

（四）战略目标四：发掘和使用最优组织管理方式

- 战略重点一：制定更加规范的问责机制、运行管理机制和内控机制框架。任务：一是制定内部政策，明确职能定位，进行规范的运作管理以实践委员会法定的管理职能；二是增加对最终结果的考量措施，更加全面地评估委员会组织管理工作的执行效果；三是探索更多手段，更详细地记录委员会反欺诈、反操纵等的调查方式和过程。
- 战略重点二：执行手段多角度化，对技术投资进行计划决策。任务：正式制定与技术投资管理相关的内部政策，明确职能定位。

• 战略重点三：根据委员会职责要求进行人力资源管理，招聘、培养、使用和保留能胜任其职责的员工。任务：一是依据委员会薪酬平等法案，继续推动各项奖励计划的执行（包括工资、福利、工作/生活质量计划等）；二是制定CFTC员工培训计划；三是优化现行管理手段，制定正式的管理者继任计划。

• 战略重点四：制定系统的知识管理计划。任务：一是建立CFTC毕业生会；二是返聘员工的工资抵消其应领取的养老金；三是制定一个汇集使用退休人员专业知识的方案；四是专门设立机构，管理记录相关专业知识。

（五）战略目标五：开拓外联项目，宣传CFTC使命，对相关立法和监管政策的制定施加影响

• 战略重点一：对公众和其他利益相关者进行教育，宣传期货市场的重要性和CFTC的监管职责。任务：一是通过出席业界举办的各种活动、发表演讲等，获取业界意见，改进监管工作；二是了解新媒体和新商业团体的情况。

• 战略重点二：在期货、衍生产品市场的立法和公共政策中扮演领导者的角色。任务：一是对外宣传CFTC的立法目标；二是利用圆桌对话、产品分析和CFTC其他专业经验介绍，吸引更多利益相关团体参与政策讨论。

• 战略重点三：利用外部交流机制影响业界行为。任务：关注社会公众关于CFTC的言论（如演讲、新闻发布、论坛发帖等）。

四、CFTC 的业务流程、手段和策略

CFTC 的工作人员依据特定的业务流程和手段策略，为完成 CFTC 的战略目标服务。CFTC 每一个战略目标都配合着一套对应的工作方法，但同样的工作方法也被应用于不同目标的执行。

（一）经济研究

通过学习研究，掌握市场的发展情况和不断变化的功能。向期货期权市场的大交易商、中介、行业自律组织收集数据，为投资大众和期货市场研究提供信息。

（二）财务监管

监视和处理市场波动给客户、公司和清算机构带来的财务影响。识别违反《期货交易法》或与记录、财务、资本化和隔离相关规定的行为，便于必要时进行调查和起诉。向期货期权市场的大交易商、中介、行业自律组织收集数据，为 CFTC 及其他机构进行财务监管提供信息。直接对清算机构和中介进行审计，确保其遵守资本化、隔离、信息披露、交易记录和报告等相关规定。

（三）市场监管

及时识别潜在的市场干扰行为，如市场拥塞、价格操纵等，并作出应对。向期货期权市场的大交易商、中介、行业

自律组织收集数据，为委员会及其他机构监管市场、执行特定仓位限制、向公众披露信息等提供支持。

（四）交易行为监管

发现潜在的交易滥用行为。向期货期权市场的大交易商、中介、行业自律组织收集数据，为 CFTC 及其他机构监管交易行为提供支持。

（五）执法合作

与行业自律组织及其他联邦机构、州政府机构、执法机构和外国监管者合作，在执法、共同起诉、技术经验交流等方面共享信息，并为其他机构提供必要的执法支持。

（六）与国内监管机构合作

加入美国总统金融市场工作小组，保证美国金融监管者之间的信息共享和相互协作。

（七）与国外监管机构合作

与国外金融服务监管机构合作，在市场、中介和监管架构方面进行信息共享，根据市场的兴起和发展不断完善期货市场的各项标准和规章制度。加入 IOSCO，代表 CFTC 在金融服务监管会议上发表意见。

（八）调查违法行为

识别并调查可能存在的欺诈、操纵、交易滥用行为，及其他触犯《期货交易法》和注册、财务、资本化、隔离等相关规定的行为。

（九）报告和起诉案件

对欺诈、操纵、交易滥用行为，及其他触犯《期货交易法》和注册、财务、资本化、隔离等相关规定的行为采取行政性、强制性制裁措施。必要时采取“快速打击”措施保护资产，制止过分行为的发生。对违法者实施民事罚款等制裁措施。

（十）其他

- 对相关立法的相关法规进行草拟、审阅和提出建议。
- 赔偿管理项目。实施补偿管理项目，便于期货期权市场参与者对违反《期货交易法》的行为进行索赔。
- 规范商业、财务和销售行为。制定相关规则，规范期货期权市场参与者的商业、财务和销售行为。
- 在诉讼或其他争端中代表 CFTC。在涉及 CFTC 利益的诉讼或其他争端中代表 CFTC 发表意见。
- 解决行政执法案件。听取和解决行政执法案件。
- 解决上诉。解决行政执法案件、行业自律组织裁决和赔偿案件中的上诉。就 CFTC 一些处罚决定的执行原因和其中包含的政策、法律因素向公众和行业人士进行解释说明。
- 检查交易申请、合约和规则。对新合约市场、衍生产品交易执行设施和清算机构进行定期检查。对根据认证申请程序提起的申请进行审查，确保其符合监管要求，不会对现货、期货和期权市场造成干扰。
- 检查行业自律组织的工作。对行业自律组织的工作进行检查，包括其金融行为、销售行为、交易行为、市场监管、仲裁项目和审计追踪等方面。

- 外部信息共享。处理美国国会提出的信息要求，向公众提供市场功能和市场效用的信息和材料，处理公众提出的信息要求。

- 采取适当的补救或惩罚措施。运用一系列手段和策略，达到对《期货交易法》及相关规定的标准或要求。通过豁免性、解释性或其他缓解条款，合理促进交易体系中的各种创新行为。

- 制定委员会人力、金融、信息、技术和资源分配计划，实施管理。根据计划合理分配资源；根据期望达到的结果制定计划；不断评估并调整计划，避免潜在的问题或缺陷发展成为真正的危机。

- 提供行政领导。对可能影响委员会完成任务的内外部事件和趋势进行持续评估，并采取相应手段和措施促进目标的完成。

五、未来行业趋势和挑战

展望未来，技术革新、全球化和创新将继续推动期货市场不断向前推进。CFTC 将不得不面对全球金融创新和期货期权市场扩张带来的挑战。相继而来的一系列新的监管问题也将深刻地改变 CFTC 利用、分配资源的方式，迫使其进行革新。

（一）执行挑战

1. 技术挑战

日新月异的技术使市场参与者能够利用新的交易平台、在全球范围内进行一天24小时不间断交易。CFTC必须保证在一个时刻同时运转反应灵敏的监管体系来应对这一挑战。监管人员要学会对充斥着越来越多先进技术、并能进行自我监管的市场进行监管。期货期权合约电子化交易已成为常态，CFTC因此需要进行相应的技术升级和设备更新，从而对价格操纵等影响市场完整性的违法行为进行有效监管。电子交易带来的市场容量变化给CFTC带来数据处理上的挑战。要继续开发“电子化法律办公项目”，实现CFTC执法部门、法律总顾问办公室（OGC）和诉讼办公室等的办公自动化和现代化。CFTC正在建设一个新的交易监管系统（TSS），以取代老系统。TSS能够提高监管人员在高速变化的环境中，尤其是在充斥着大量电子交易数据的环境中，发现并阻止不恰当交易行为的效率和能力，并为监管人员提供更加灵活的应对手段。

2. 全球化挑战

需要更多经验丰富的员工来应对由电子技术应用、战略联盟或并购带来的期货、期权市场全球化提出的新要求，CFTC要参与美国政府开展的有重要经济意义的执法行动，为不断发展的市场提供技术支持。在一个联系如此紧密的全球市场上，经济变化、恐怖主义、传染病、自然灾害或政治运动引起的任何市场变动都有可能引发系统性的全球市场危机。单一的监管者无法拥有所有关于市场、机构和个人的信息。因此CFTC面临的另一项挑战是与全球监管者合作，共同确保市场的稳定。

3. 来自市场的挑战

可再生能源（如生物燃料）的开发可能影响既有的能源市场。美国原油进口受到的干扰可能影响能源市场。未来可能面临的电力短缺将削弱电力期货市场。期货、期权市场的结构变动，如交易所从会员制组织变为集团上市公司、交易所并购、新合约品种的产生等，均意味着CFTC需要更多人力来处理日益复杂的法律和监管事务。产品和市场的日益集中要求CFTC与美国证券交易委员会（SEC）、联邦能源管理委员会（FERC）加强合作，解决共同利益领域中跨司法管辖的案件，比如信用卡系列产品、交易型开放式指数证券投资基金（ETF）以及能源市场上潜在的操纵行为。市场的细化和发展需要更多专业员工；日益激烈的职位竞争也对单位薪酬的竞争力提出更高要求。

4. 来自政府的挑战

美国国会可能批准新市场的设立。美国国会可能要求对特定市场进行调查。美国国会可能无法为CFTC提供足够资金帮助其有效完成任务。在人力、财力资源有限的前提下，实行政府电子化办公将是未来长期存在的一项任务和挑战。

（二）管理挑战

1. 信息技术

技术革新能够使CFTC在未来节约更多时间，进行政策分析和决策，而不是花费在关键数据的处理和编译上。CFTC将继续借助大机构的业务处理模式、服务和系统改善其内部运作，同时在对外执行调查和检查任务时更多地借助交易所的数据库。

2. 人力资源

人力资源管理的目标更加明确，将通过杠杆化的人力资源利用和更优质服务的提供，在核心业务领域培养有竞争力的员工。人才市场的竞争日益激烈，拥有特殊技能的人才需要额外的奖金激励。CFTC 必须不断改善工作环境以吸引和留住有竞争力的员工。

六、CFTC 的跨部门合作

借助已建立起的政府间合作机制，CFTC 得以同其他联邦政府机构互享信息，在重要问题上交流和协商。

（一）美国总统金融市场工作小组（PWG）

PWG 是一个跨机构协调工作机制，由财政部、联邦储备委员会、证券交易委员会和期货交易委员会的领导组成，并由财政部部长担任主席。该工作小组主要就市场交易过程中所涉及的风险评估、资本要求、内部控制、信息披露、会计、市场惯例等进行讨论研究，包括衍生产品工具交易、破产法修改、证券期货产品（SFPs）、组合保证金、股指期货和市场偶发事件应对等。CFTC 的工作人员定期参加 PWG 员工会议参与讨论。

（二）证券交易委员会（SEC）

《商品期货交易现代化法》的第二章废除了长期以来对

单一股票期货交易的禁令。随后，CFTC 和 SEC 又出台了对证券期货产品的联合监管框架，包括单一股票期货和窄基股指期货。2002 年该类期货开始交易。2006 年，CFTC 和 SEC 对在期货交易所交易的债券期货和债券指数期货制定了共同监管措施。2007 年，两者共同商议，决定允许信用事件期权产品在证券交易所和期货交易所交易。

（三）联邦能源监管委员会（FERC）

CFTC 和 FERC 合作，对天然气和电力的现货、期货市场交易活动进行监管。2003 财年，CFTC 和 FERC 联合发表声明，澄清 2003 年 2 月底天然气价格的飙升与市场操纵无关。两者还共同参加天然气和电力市场的信用清算和价格报告会议。根据美国《2005 年能源政策法案》的要求，2005 年 10 月，两者签署了合作备忘录，协商确定了信息共享、能源交易数据保密等条款。

（四）美国农业部

根据 1996 年《联邦农业促进和改革法案》的要求，CFTC 同美国农业部相关部门密切合作。该法案废除了 20 世纪 30 年代以来实行的多项农产品价格支持项目，迫使生产商更多地依靠自身力量进行风险控制。因此，该法案要求农业部部长与 CFTC 进行商议，为农产品生产商提供“生产和销售过程中的金融风险控制教育”。

（五）美国能源部

近年来，随着能源相关衍生产品交易的发展，CFTC 与美国能源部建立了密切合作关系。比如，CFTC 的工作人员帮助美国能源部的能源信息管理部门对能源市场进行研究，帮助他们更好地了解原油、天然气和电力市场上资金、衍生产品的结构和流动情况，理解联邦政府对这些行业和商品市场进行监管的目的和实质。

（六）反企业欺诈行动小组

根据布什总统 2002 年 6 月 9 日签署的总统令，CFTC 正式成为反企业欺诈行动小组成员。从 2002 年开始，CFTC 与美国司法部及其他监管机构一起，共享信息，相互协作，参与了多起企业欺诈的执法案件。比如，在能源领域，自 2002 年起，CFTC 共提起 37 次执法行动，与司法部共同完成 18 起由司法部提起的刑事能源案件调查。在期货基金和对冲基金领域，自 2002 年 6 月起，CFTC 共提起了 45 次执法案件。

（七）农业顾问委员会（AAC）

农业顾问委员会是联系 CFTC 和依赖期货期权市场进行套期保值和价格发现的农业界的纽带。AAC 的 34 个会员组织代表了美国农业业界的主体。自 1985 年起，AAC 举行的会议在 CFTC 和美国农业业界之间搭建起公开对话机制。

（八）技术顾问委员会（TAC）

TAC 研究金融服务和期货市场上技术革新带来的影响和预示，为 CFTC 提供建议。

（九）全球市场顾问委员会

全球市场顾问委员会由CFTC于1998年2月25日创建，旨在了解国际市场的动态，保证有全球业务的美国市场和美国公司的完整性和竞争力。

七、对我国的启示与借鉴

美国期货市场与我国市场的发展阶段和条件差异较大，因此，美国期货监管的战略规划在具体政策措施方面与我国有所不同，但在目标原则、监管理念和技术方法等方面，对我国仍有重要的启示与借鉴。

（一）制定期货法

美国的期货监管使命、目标、原则与方法等，最初都源自1974年制定的《商品交易法》。随后，该法还进行了多次修订，特别是2000年12月出台了《商品期货交易现代化法》，对CFTC重新授权，将其从一线监管执行机构升级为监管者，以促进市场的健康发展。专门的立法是一个行业走向成熟的重要标志，是国家意志的集中体现。如从立法时间角度看，我国期货市场落后美国至少30多年，落后我国证券市场至少十几年。我国应加快制定期货法。

（二）加快国际化步伐

美国作为全球最发达的期货市场，仍在全力推进市场的国际化，以保持在全球的领导地位。其规划明确提出：对全球商品期货期权市场的监管手段进行影响和倡导；建立和发展 CFTC 官员与发达市场、新兴市场上类似组织成员间的私人关系；访问期货市场发展比较好的国家，与其市场监管者建立私人联系；找出并分析目前阻碍美国进入国外市场的障碍，密切美国政府和外国市场监管者之间的联系，扩大美国进入外国市场渠道等。我国期货市场发展的长远目标是逐步取得国际市场定价权。只有允许境外投资者包括套期保值、风险管理者以及投机资金进入我国，我国期货市场才能反映全球价格的供求信息，才能逐步实现扩大定价话语权和逐步掌握定价权的目标。除投资者国际化外，期货市场国际化还应包括期货品种国际化、经纪业务国际化、监管国际化、交易规则和交易服务国际化等。

（三）促进市场创新

美国期货市场作为全球最发达的期货市场，其监管机构仍致力于推进市场创新和监管创新。其规划指出：要合理促进交易体系中的各种创新行为，对 6 个月内市场或交易中出现的新情况不采取行动或采取宽松态度以促进创新，在 CFTC 内部培育创造性解决问题的文化以营造市场创新氛围等。在我国，市场对创新发展的呼唤日益强烈。例如，对 CTA 等形式的期货资产管理业务、期权交易、引进境外套期保值机构等，都可以考虑逐步探索试点，以鼓励市场自主创新、服务实体经济发展。

（四）加强研究工作

美国高度重视期货研究，并将其作为完成监管使命的首项工作。其规划明确要求：要掌握市场的发展情况和不断变化的功能；向期货期权市场的大交易商、中介、行业自律组织收集数据，为投资大众和期货市场研究提供信息；搭建跨部门、专题性研究小组，分析战略性、前瞻性问题，为领导层提供政策建议等。我国期货市场尚处于新兴加转轨时期，在快速发展的同时仍有巨大潜力，有许多战略性前瞻性问题需要深入研究，需要大力向期货市场参与者及社会公众宣传市场功能，进行风险教育。

（五）更新监管理念

尽管美国期货监管最为完善，但美国期货监管机构并未止步不前，并时刻保持着清醒的头脑，时刻关注着全球期货市场的发展变化，不断更新其监管理念。例如，明确监管使命和规划目标，具有清晰的工作流程，对市场的未来变化明察秋毫，与美国相关监管机构保持紧密合作，提出期货监管要紧跟市场发展的步伐，搭建跨部门、专题性的研究小组以分析战略性、前瞻性问题，为领导层提供政策建议，邀请外部专家开展教学研讨活动，保持员工知识的不断更新等。我国期货监管要从我国国情出发，充分借鉴美国先进的监管理念，使监管紧跟市场发展步伐，如要推进建立市场化新品种上市机制、大力推进期货市场机构投资者发展、充分强化交易所在市场创新发展中的核心作用等。

（六）加强与相关部门的合作

期货市场从农产品发展起来，并已涵盖能源、化工、环境及金融等更多领域。期货监管机构要与相关行业管理部门紧密合作，更加充分地发挥市场功能。美国 CFTC 与其他联邦政府机构紧密合作，共享信息，在重要问题上进行交流和协商，以促进市场稳健发展。中国证监会应在现有基础上，进一步加强与其他政府部门的合作，特别是国家发展和改革委员会、国务院国有资产管理委员会、外汇管理局、农业部、能源局、财政部以及其他金融监管部门，与他们建立常规性合作交流机制，促进其对期货市场的理解与使用，营造有利于市场持续发展的氛围与环境。

“破产”为何波澜不惊

——美国通用汽车公司和克莱斯勒公司破产案剖析[①]

2009年7月10日，通用汽车公司宣布脱离破产保护，并成立新的通用汽车公司。至此，通用汽车公司和克莱斯勒公司仅仅用了两个半月时间，就完成了从申请破产保护到审理结案的全部程序，美国各界反应较为平静，投资者和债权人都能够冷静接受。与2001年安然公司石破天惊的破产案相比，这两大汽车公司破产案为何如此“顺利”和“平静”？它对我国资本市场发展有何重要启示？带着这些问题，我们对这两大破产案件进行了初步分析。

① 本文作者为马险峰、高歌、吴张珺，完成于2009年7月20日，刊发在中国证监会网站。

一、完善的法规为"顺利"破产创造了基础条件

《1898 年破产法》（Bankruptcy Act of 1898）是美国第一部现代破产法；在大萧条时期进一步修订，形成《1933 年破产法》（Bankruptcy Act of 1933）、《1934 年破产法》（Bankruptcy Act of 1934）和 1938 年的《坎德勒法案》（Chandler Act）。破产的个人有权被免除债务，而破产的企业则获得重组以偿还债务的机会。1978 年的《破产改革法案》（Bankruptcy Reform Act）扩大了消费者及公司债务人申请破产的权力与权利。

债务人提出破产申请通常是在《美国破产法》第 7 章、第 11 章和第 13 章规定的程序中作出选择。第 7 章规定的内容是清算程序；第 7 章清算程序既适用于企业，也适用于个人，但允许个人债务人保留特定种类和相当价值的自由财产，个人债务人可以获得某些债务的免责，更多地迎合了自然人对破产清算程序的需求。

根据《美国破产法》第 11 章有关债务人重整程序的相关规定，企业在申请破产保护后可继续维持日常运营。这样，企业在破产保护期间就可以通过裁员、关闭部分工厂、削减员工和退休人员各项福利等手段大幅降低成本，以解决财务困难，并寄希望于由此走出困境。适用该章程序的债务人大多还是公司。尽管每年破产案件中重整程序的利用率非常低，但是重整程序对美国社会的影响却不可忽视，因为在第 11 章重整程序创立之后，常有一些资本结构复杂、规模庞大的巨型公司在陷入财务危机时，利用该章程序进行

重整。

《美国破产法》从最初的权宜之计到后来的必不可少、从强制破产到自愿破产乃至策略性破产的变易、从注重清算到转向重组、从体现对企业和自然人滥用破产程序的限制到逐步反映出对债权人和雇员（包括退休人员）利益的保护等，在一定程度上反映出了《美国破产法》的变革方向，也是美国适时地根据本国经济发展的特点和趋势，对《美国破产法》的逐步变革，并在经济运行规则和债权人、债务人利益冲突中寻找平衡。显然，《美国破产法》对维护债务的清偿秩序，保持国家的金融稳定，规范企业的市场退出，解决困境企业的治理，整合社会经济资源，提高资产的利用效率，为债权人权利的实现提供了有利的条件。尤其是美国破产程序作为《美国破产法》的核心内容，经过精心的制度设计和适时更新，保持了实践运用中的活力和张力。

按照《美国破产法》第 11 章申请破产保护，不管债务人是否有偿付能力，当债务人自愿向法院提出或债权人强制向法院提出破产保护申请后，美国司法部下属的专门负责破产事务的"美国托管财产管理会"将指定一个或多个委员会，代表债权人和股东利益，与破产公司制定出一个重组方案。债务人要提出一个破产重组方案，就债务偿还的期限、方式以及可能减损的某些债权人和股东的利益作出安排。方案必须得到债权人、债券持有人和股东的认可，并得到法院的批准。如果债权人和股东反对某个方案，而法院认为该方案公正合理时，法院可忽略债权人和股东的意见而通过该计划。

克莱斯勒公司和通用汽车公司都是按照《美国破产法》第 11 章申请破产保护的。克莱斯勒公司的破产案用了仅仅 30 天，而通用汽车公司的破产案用了 40 天。如果他们的计划不被批准，那么他们将进入第 7 章的清算破产，对于公司来说就是宣判了死刑，也就是将所有的资产出售偿还债权人。

二、金融危机加快了两大公司走向破产的步伐

克莱斯勒公司早在2007年就开始了运营重组的努力，而且希望在2008年上半年完成任务，并在2007年和2008年寻找战略合作伙伴包括通用汽车公司。而通用汽车公司的运营也是早就出现了问题，从2005～2009年的第1季度，通用汽车公司已经累计亏损大约880亿美元。

由于2008年的金融危机影响了市场的流动性，导致消费车贷不能及时发放到消费者和汽车经销商手里，所以汽车销售量大减，从而加快了两大公司走向破产的步伐。2009年4月30日，克莱斯勒公司申请了第11章破产保护。2008年11月通用汽车公司被迫向美国政府寻求资助，为维持通用汽车公司的正常运营，美国政府在2008年11月之后到通用汽车公司破产前，总共为其提供了大约194亿美元的贷款资助。但这些贷款并没有使通用汽车公司摆脱濒临破产的困境。在通用汽车公司宣布申请破产保护时，该公司有823亿美元资产和1 728亿美元负债，成为美国有史以来第四大破产案。823亿美元是通用汽车公司资产的账面价值，如果通用汽车公司被清算的话，根据法庭估算，它的清算价值可能将不到账面价值的10%。也就是说，通用汽车公司的清算价值可能都不够还美国政府的贷款，那么股东和无担保债权人自然将一无所有。除此之外，美国政府更大的担心是如果通用汽车公司被清算，将会产生大量的失业工人，通用汽车公司产业链下游的企业也将无法生存，对美国国内汽车制造业来说是一个系统性的失败，对美国整体经济也是一个重要的打击。

三、两大破产公司投资者损失惨重

克莱斯勒公司不是一家上市公司，它的主要股东是Cerebus（一家私募基金，大约80%的股份）和Daimler（大约20%的股份）。这两家机构在克莱斯勒公司重组之后，失去了它们的全部投资。通用汽车公司是一家上市公司，在2009年5月29日，通用汽车公司的股票价格已降到75美分。由于通用汽车公司申请了破产保护，纽约股票交易所不再支持它的股票交易，其股票交易退到了公告板市场（OTCBB）。通用汽车公司的管理层声称，清盘之后的老通用汽车公司是绝对没有任何钱分给股票持有者的。但7月10日，老通用汽车公司股票在公告板市场上却涨到了1.15美元，说明股票持有者仍乐观地认为老通用汽车公司清盘还债后，还是会有剩余的。

2009年6月10日，克莱斯勒公司脱离了破产保护，出售了大部分资产给“新克莱斯勒”（克莱斯勒集团LLC）。新克莱斯勒集团初始阶段的股权比例为菲亚特（Fiat）公司20%，美国政府9.85%，加拿大政府和安大略省政府2.46%，退休人员医疗信托（United Auto Worker's Union Retiree Health Care Trust Fund）67.69%。现有的有担保债权持有者得到了29美分/1美元面值的清偿价格。美国政府总共为克莱斯勒集团提供了大约120亿美元的资金。

2009年7月10日，通用汽车公司也脱离了破产保护，并把其有价值的财产卖给了“新通用汽车公司”（General Motors Company）。美国政府将拥有新通用汽车公司60.8%股份，加拿大联邦政府和安大略省政府拥有近11.7%的股份，退休人员医疗信托拥有17.5%的股份，无担保债权人

(Bond Holders) 拥有大约10%的股份和一些权证。新通用汽车公司会继续偿还老通用汽车公司大约60亿美元的有担保债券。美国政府总共为通用汽车公司提供了大约500亿美元的资金。

四、美国政府发挥了关键作用

一般来说，破产案件的时间会比较长，因为各方利益相关者都会通过较长时间的协商和让步达成一个重组计划。美国前两大汽车制造商几乎同时快速破产的背后有美国政府的支持，他们都成功地售出了自己的核心资产，而且都绕过了非常繁琐的《美国破产法》的相关程序。美国政府是通用汽车公司最大的债权人，所以它的意志和利益在通用汽车公司破产案中有充分的表现。由于美国政府在无人愿意给通用汽车公司贷款的时候让通用汽车公司拥有得以维持其生存的194亿美元的政府贷款，而且通过跟通用汽车公司签订协议让美国政府的借款有优先偿还权，所以通用汽车公司才能够如此顺利地卖给了美国政府支持的公司。

克莱斯勒公司和通用汽车公司破产案的相同之处在于都是通过《美国破产法》下363条款重组的；这两次破产的特别之处在于破产重组的方案并没有得到债权人、债券持有人和股东的认可，而是直接得到了法院的批准而执行。这就是1978年的《破产改革法案》里的第363条款赋予法院的一种几乎没有限制的特殊权限。这个条款在综合考虑各种因素的情况下给法院自主权，批准法院认为合适的交易，即使重组方案还没有得到相关利益者的批准。法院在考虑债务人有出售资产的权利和利益相关人认可破产重组的方案中间找一个平衡点。判例法表明，当企业有正当的商业原因需要及时出卖其全部或者大部分资产时，为了防止不可挽回的资产价值损失，法院有权在破产重组方案被认可前出售其大部分资产。法院要考虑的因素包括以下几点：整体的价值和清算价值的比较，破产重组方案的准备时间，在将来破产重组方案被批准和认可的可能性，此被法院批准的方案对将来破产重组的方案的影响，此方案所能获得的收益和其他的估值的比较以及次优方案的对比。法院在综合考虑各方面的因素之后，作出了有利于克莱斯勒公司和通用汽车公司的判决，认为为了保证克莱斯勒公司和通用汽车公司的权益，应批准他们把核心资产售出的交易。

对于通用汽车公司和克莱斯勒公司来说，维持他们的生存是保存整体价值的唯一方法，因为通用汽车公司严重的资不抵债，而菲亚特是克莱斯勒公司唯一可行的战略伙伴，如果清算破产，两大汽车制造商将损失惨重。对于克莱斯勒公司来说，菲亚特提出要求，只有破产程序迅速完成才有合作的可能。两家公司的次优方案都是清算破产，所以股东和大部分债权人都不会反对出售大部分核心资产的交易。对于他们来说，清算破产意味着一无所有，而批准了交易还能够尽可能地挽回损失。所以对于法院来说，法院在充分考虑到两个破产案的急切性及两大汽车商唯一的次优选择是清算破产的情况下，充分利用了法院的权力，支持了通用汽车公司和克莱斯勒公司出售其核心资产的交易。

五、社会各界反应较为“平静”

同安然公司破产案相比，这次通用汽车公司的破产虽其资产规模比安然公司大，但并没有在投资者中引起很大的震动。安然公司破产引起股民巨大震撼和强烈不满的主要原因是，安然当时是一个明星企业，它的股票在很长时间内一直处于上升趋势，而且安然的管理层也一直对外宣称其运行良好。在2000年9月（破产前1年左右）安然的股票还达到了90元左右的高点。所以安然的破产令外界异常震惊。投资者发现安然的管理层一直在用各种手段来欺骗公众。股民很难接受安然从一个明星公司瞬间变成一个破产的骗子公司。安然在破产时资产总额大约是500亿美元（最高市值大约为800亿美元），是当时美国历史上最大的一宗破产申请案。而通用汽车公司从2004年就已经开始亏损，股票价格从大约90美元（最高市值大约为560亿美元）的2000年一直下滑到2009年，公司管理层虽可能经营不善，但是对公众却无隐瞒或欺骗。关于通用汽车公司破产的传闻和推测一直没有断过。投资者对通用汽车公司的破产有很好的心理准备，知道他们的投资所面临的风险很大。所以，当最终通用汽车公司破产的时候，投资者能平静地接受。

归根结底，面对两大汽车公司的破产，社会各界的反应很平静，因为美国是一个产权非常明晰的国家，有完善的物权和合同法等相关法律，利益相关人都会通过法律途径来保护自己的利益。通用汽车公司和克莱斯勒公司的破产不涉及欺诈和误导，成熟的机构投资者和个人投资者知道自己的投资风险，也愿赌服输。

认识合格投资者制度和投资者适当制度

——境外投资者制度分析及其启示[①]

美国对投资者进行分类并建立相应的合格投资者制度和投资者适当性制度，为世界各个国家和地区提供了重要借鉴。欧盟和日本的投资者分类和投资者适当性制度，也对我国具有一定借鉴意义。我国可考虑在向“特定对象”发行证券活动中建立合格投资者制度，进一步拓宽投资者基础，促进资本市场的可持续发展。

一、美国的合格投资者制度和投资者适当性制度

美国法律法规规定，私募证券发行和转让必须遵守合格投资者制度，在推荐证券和期货产品活动中必须遵守投资者适当性规定，从而使不同类别的投资者在资本市场上的投资行为受到相应的制度性保护。

① 本文完成于2010年3月10日。

（一）美国私募证券中的合格投资者制度

美国私募证券的合格投资者（Accredited Investor，也经常被译为“有信誉投资者”）制度的核心内容，是规定私募证券只能销售给财力雄厚、足以承担证券投资风险的合格投资者，这样的私募证券发行可享受在监管机构的注册及信息披露的豁免。

1. 法规基础：《D 条例》（Regulation D）

在 1929 年大危机中，纽约证券交易所市值从 890 亿美元跌至 1933 年的 150 亿美元，引发严重的社会和经济问题。为恢复投资者信心，美国国会通过了《1933 年证券法》。《1933 年证券法》主要规范证券公开发行及销售行为，规定任何证券发行必须在美国证券交易委员会注册，或者符合规定的私募条件可豁免于注册和信息披露要求。《1933 年证券法》间接承认对投资人的保护因人而异，因此，对私募作了专门规定，即私募证券的发行只针对少数特定投资人或者以直接协商的方式发售，因此可以免于向监管机构注册核准。1935 年，美国证券交易委员会对私募的标准给予了较为明确的规定。一般来说，证券私募应考虑投资者的投资知识、财务资格、应募人人数、证券发行数量、证券发行金额及方式等多种因素。

为适应大量中小企业进行私募证券发行的需要，进一步明确发行条件，1982 年美国证券交易委员会根据《1933 年证券法》授予的行政立法权，颁布实施《D 条例》，对私募发行豁免登记进行司法解释。根据《D 条例》，只要私募发行针对的是有信誉投资人，或是不超过 35 名的非有信誉投资人，均可获得注册豁免。具体规定了包括三种豁免注册的安全港（Safe Harbor）规则 504、505 及 506。规则 504 和规则 505 的规定源自《1933 年证券法》第三章（b）条，即 500 万美元以下的小额发行；而规则 506 专指私募安全港规定。规则 506 规定，仅有两种投资人有资格参与私募认购：（1）合格投资者；（2）非合格投资人，但认购人本身或者其受托人具有商务或财务的专业背景（Sophisticated Purchaser or Representative）。

2. 具有“资历经验”的投资者

规则 506（b）（2）（i）规定，私募证券认购者为非合格投资者但具有“资历经验”者的总人数不得超过 35 人。投资者或其受托人具备的“资历经验”，使得他们对市场风险具有一定判断力，因而可免受证券注册的保护。但这类投资者净资产总额较小，承担风险的能力有限，因此在证券认购中需受人数限制以及披露等方面的保障措施。“资历经验”可从一般及特殊两个方面考察。特殊“资历经验”是指认购人拥有与发行人财务或者产品相关的专业知识或者经验；而一般“资历经验”是指认购人具有一般的财务、会计、业务和销售等知识经验，但并不与发行人的业务或者产品有直接关联。“资历经验”的衡量主要考虑投资者个人应具备的主观指标，主要包括受教育背景、职业、商业经验、投资经验、谈判磋商能力等。

3. 有信誉投资者的主要类型

有信誉投资人因财力雄厚，足以承担证券的经济风险，因此，证券交易委员会认为无须受证券注册及信息披露的保护。规则 501（a）定义了 8 类合格投资者：

第一类：机构投资者，包括银行、证券自营商或者经纪商、保险公司、根据《1940 年投资公司法》设立的投资公司，以及资产超过 500 万美元的退休基金。

第二类：根据《1940 年投资顾问法》设立的投资顾问

公司。

第三类：依据所得税法享有免税待遇的机构，包括股份有限公司、信托公司及合伙机构。

第四类：发行人的内部人，包括董事或者经理人及无限责任合伙人。经理人是指总经理、副总经理以及任何具有决策权力的经理人。如果发行公司子公司的经理人具有发行人的决策权力，也可视为合格投资者。

第五类：拥有净资产超过100万美元的自然人，个人净资产值的计算以认购证券的时点为准。

第六类：个人最近两年所得平均超过20万美元或与配偶的最近两年合并所得平均超过30万美元，且当年所得合理预期达到相同金额者。个人净资产是反映投资者承担风险的经济能力的指标，以所得税申报后所得为基数，加上长期资本利得、损耗、利息等扣除额，再加上有限责任合伙的损失。

第七类：总资产超过500万美元的信托财产。除总资产额的规定外，信托成立的目的不得为招募证券，且信托的投资决策者的资格必须符合Rules 506（b）（2）的要求。信托除符合第七类合格投资者外，还可作为第三类和第一类合格投资者，但要符合第一类合格投资者，其受托人必须为银行或者其他机构投资者。

第八类：任何全部由有信誉投资者作为权益所有人组成的机构，如股份有限公司或者有限责任合伙企业。

在上述八类合格投资者中，属于机构的有五类，属于自然人的有三类。从机构的情况看，主要是金融机构和投资公司，以及符合条件的信托理财和养老金；从自然人的情况看，主要是内部特殊关系人和富裕的自然人。

4. 私募证券转让:《144 规则》规定的合格机构购买人（QIB）制度

1988 年 SEC 出台《144A 规则》，主要用来规范私募证券在两年持有期限内，允许在合格机构投资者之间进行转让的行为。《规则 144》A 款标题为“私下转让给合格的机构购买人”，允许将通过私募发行获得的证券出售给合格的机构购买人。此款规定增加了私募证券的流动性，降低了证券发行者的成本，进而使美国私募发行对美国国内外投资者更具吸引力。“合格的机构购买人”（Qualified Institutional Buyers，QIB's）是指具有“资历经验”的投资者，其管理的证券资产至少为 1 亿美元的机构，包括：（1）银行；（2）储贷机构；（3）保险公司；（4）投资公司；（5）雇员福利计划；（6）完全由合格投资者拥有的机构；（7）可自主支配，持有和投资证券金额在 1 000 万美元以上的已注册的证券经纪商。

1990 年 SEC 批准美国证券商协会（NASD）建立一个屏幕式交易系统，称为 Portal 系统（私募证券发行、转售和交易的自动联络系统），以便利按照《规则 144》A 款发行的私募证券形成二级市场，该系统由纳斯达克公司运营。2007 年，Portal 系统和一些券商的私募交易平台合并，组建成一个开放的标准平台，形成集 144A 股票发行、交易和结算为一体的私募证券市场。Portal 可用于交易合格的 144A 股本、固定收益和衍生证券。据了解，在该系统上交易的证券中债券占绝大部分。从挂牌规则看，它无须向 SEC 登记注册，无须经纪商或发行人披露信息，但如果发行人既不是按照《证券交易法》进行申报的公司，也不是按照相关规则获得申报豁免的公司，发行人需要向证券持有人及预期购买人披露若干合理最新信息。2007 年，美国通过私募股权市场融资量达到 1 620 亿美元。

（二）美国自律组织规定的投资者适当性制度

1. 证券公司推荐证券产品活动中的投资者适当性制度（NASD 规则第 2310 条）

美国金融业自律管理局（The Financial Industry Regulatory Authority，FINRA）在其《自律监管手册》（FINRA Manual）中，对证券公司从事证券业务活动时需要遵循的投资者适当性要求作出了规定。美国金融业自律管理局是美国最大的非政府行业自律监管机构，负责对在美国从事证券业务的证券公司进行自律管理，它于 2007 年 7 月 30 日由美国证券商协会与纽约证券交易所中有关会员管理、稽查和仲裁的部门合并而成，自律监管的对象包括近 5 000 家证券经纪公司、17.3 万家分支机构和大约 66.5 万名注册证券代表人，其目标是加强投资者保护和市场诚信建设。《自律监管手册》中的 NASD 规则，包括一般规定、会员与注册规则、行为规则、程序规则四个方面。NASD 规则中行为规则第 2310 条，对证券公司从事证券业务活动需要遵循的投资者适合性要求作了规定。

NASD 规则第 2310 条的主要内容是：

- 会员推荐客户买卖或交易任何证券，必须有合理的依据相信推荐是适合客户所披露的基本情况，包括其持有的其他证券以及财务状况与财务需求。

- 除了推荐客户用有限资金投资货币市场共同基金之外，会员在非机构客户执行交易之前，必须尽力得到相关客户信息，包括客户的财务状况、客户的交税情况、客户的投资目标等；其他合理信息包括其他会员或注册代表向客户提供投资建议时需要尽力得到的信息。

- 为实现第 2310 条目的，“非机构客户”一词是指该客户不符合规则3110（c）（4）规定的“机构账户”的相关要求。“机构账户”是指银行；储贷协会；保险公司以及注册的投资公司；经注册的投资公司；其他净资产至少为50万美元主体，包括自然人、公司、合伙企业、信托等。

2. 证券公司和期货公司推荐证券期货产品须遵守的投资者适当性制度（FINRA规则第2370条）

自2000年美国通过《商品交易现代化法案》以来，SEC与CFTC就上市证券期货（Security Futures）产品（包括个股期货与窄基股指期货）达成共识，并共同监管。SEC授权NASD制定了对证券公司推荐证券期货产品时的投资者适当性规定，即NASD规则第2865条（目前本条已不再执行，并于2009年2月被变更为FINRA规则第2370条）对证券公司推荐证券期货产品要遵循的投资者适合性制度作出了规定。CFTC要求全美期货业协会（NFA）在先前“了解你的客户”（Know Your Customers）规则基础上，比照NASD标准，修改期货公司推荐证券期货产品的适当性规定。

（1）美国金融业自律监管局规定了证券公司推荐证券期货产品须遵守的投资者适当性要求。美国金融业自律管理局的《自律监管手册》第2370条，对证券公司从事股票期货业务的投资者适当性作了详细的规定，具体有11项（原第2370条包括两款共25项，但有些项目没有实际内容），包括一般规定、定义、股票期货交易的限制、股票期货风险披露声明的揭示、对账单、开户、记录的保持、全权委托账户、适应性、违反FINAR或注册结算代理的准则条款、做市商对上市股票期货交易及报告、客户信息和风险揭示等。

（2）全美期货业协会对期货公司推荐证券期货产品须遵守的投资者适当性要求

美国全美期货业协会的自律规则第5191条规定了期货

公司从事期货业务时，要遵守投资者适当性制度，充分了解客户信息、揭示投资风险。本条规则有 10 项，主要包括：每个会员或协会成员应了解其期货交易客户的信息，并向客户揭示期货交易的风险；会员或协会成员应尽职了解客户相关信息；从客户获得的信息至少应包括客户的真实姓名、地址和职业，客户当前的年收入和净资产，客户年龄，客户以前的投资经历和期货交易经验等，客户账户属于投机还是保值，客户的雇佣情况，客户净资产的流动性，客户的婚姻状况和从属关系，会员推荐该客户时运用或考虑到的其他信息；对客户进行的风险揭示；应按规定建立并执行查阅所有记录的流程，并监督了解客户信息和揭示风险的情况等。

二、欧盟的投资者分类制度

2004 年，为推动金融业的发展，提高竞争力，欧盟委员会通过了《金融工具市场法令》（Markets in Financial Instruments Directive，MiFID），以规范欧盟成员国金融市场行为。2007 年 1 月 31 日，各成员国必须完成各自国家的法规修改，以全面落实该法。该法将投资者分为三类，即零售客户（Retail Clients）、专业客户（Professional Clients）和合格对手方（Eligible Counterparties），并对各类投资者制定相应的标准，提供不同的保护规定。合格对手方包括投资公司、信贷机构、保险公司、资产证券化机构及其资产管理机构、其他受监管的金融机构等。该法令对投资公司引入或者被动与合格对手方进行交易时，对合格对手方这类客户仅提供“轻触”式（Light－touch）的监管保护。《金融工具市场法令》规定，欧盟各成员国须从各自原来的投资者分类标准和制度全部过渡到该法的规定。

（一）零售和专业客户

专业客户是拥有投资经验、知识和具有能力进行其投资决策并承担投资风险的客户。《金融工具市场法令》认定了一些具备这些条件并自动将其划为专业客户的投资者：

1. 金融机构。包括信贷机构、投资公司、其他受监管的金融机构、保险公司、集合投资计划及其管理公司、养老金及其管理公司、商品和商品衍生产品交易商、地方工会以及其他机构投资者。

2. 满足下述关于公司规模要求三项中任意两项的企业：（1）资产负债表中的总资产额为 2 000 万欧元；（2）净投资额为 4 000 万欧元；（3）拥有自有资金 200 万欧元。

3. 全国和地区性政府，管理公共债务的公共机构，成员国中央银行以及国际性和超国家性机构。

4. 其他主要投资金融工具包括资产证券公司产品和融资产品的机构投资者。

（二）合格对手方

合格对手方主要是指富有经验的投资者和其他资本市场参与者。根据《金融工具市场法令》第 24 条规定，投资公司可以代表客户或者自己的账户执行订单，包括接收和发出订单，作为合格对手方，或者引入合格对手方。按照规定，下述机构自动成为合格对手方：投资公司、信贷机构、保险公司、集合投资计划及其管理公司、养老金及其管理公司、其他接受欧盟法规或者成员国法规监管的金融机构、成员国政府及其相应机构、中央银行和超国家机构等。

上面所提到的“轻触”式合格对手方的监管保护措施仅限于一些特定类型的业务及机构。主要是：代表客户执行订单、为自己账户交易的机构以及接受或者发出指令的机构。

（三）客户身份在不同类别中的转换

根据MiFID规定，在一定条件下，投资者可以在不同类别中进行身份的转换。一般来说，根据一项或者多项特定的金融服务或者金融工具的风险特性，专业客户和零售客户可以相互转换身份，合格对手方也被当作专业客户或零售客户，以便接受不同的投资者保护规定。金融机构在开展不同业务时，同样的客户可能属于不同的类别，使客户降低或者增加所受到的监管保护的水平。

当一个客户需要不同类型的身份时，投资公司根据投资风险特征，有权决定是否提供该项服务。投资公司在从事某项业务时，可以单方面决定将其任一客户或者全部客户认定为零售客户，以便在遵从投资者分类规定时简化其内部程序。

（四）欧盟的客户分类对成员国的影响：以英国为例

欧盟MiFID对投资者分类的相关规定与各成员国原来的规定存在一定差异，因此，各成员国必须修改各自原有的相关规定，以适应新的法规。这给金融机构在新的法规下开展金融业务带来一定的影响。下面以英国为例，说明欧盟MiFID的施行对英国金融机构开展业务带来的影响。

1. MiFID规定与FSA规则的差异

MiFID客户分类标准与现有FSA标准的区别，主要体现在以下几个方面：

（1）MiFID客户种类并不具有相互“排他性”——合格交易对手实际上是专业人员的一个“子集”。合格交易对手状态主要是针对某几类投资相关业务，而与投资组合管理或投资建议并无关联。这就是说，同一客户在公司不同的业务类型下属于不同的分类。

（2）尽管MiFID客户类别的范围和FSA有些相似，但两者之间的一些细节差异使得某些客户不得不被重新归类。尤其是一些属于中间类的客户，在MiFID下会被归为零售类客户。只与专业客户进行交易的公司将决定是否保留这些客户，在某些情况下这些客户可能需要升至专业客户级别。

（3）对于第三方代理（如投资管理者）的分类，MiFID并没有相关规定，因此FSA在此问题上依旧保留现有分类办法（FSA规定此类代理商视为客户）。

（4）确定客户级别的高低转变需要遵循MiFID的相关标准和程序。然而，在标准和程序方面，与FSA规则规定的对私人投资者升级为中级客户相比起来，MiFID的规定要更加严格。对公司来说，要对客户的级别进行提升的话，首先要评估客户是否具备相当的专业水准，是否可以自己作出投资决策，是否理解各种交易业务所存在的投资风险。在此类评估中，公司必须确保客户符合以下至少两项标准：一是在过去4个季度中，客户在相关市场进行了平均每季10笔的具有一定意义规模的投资交易；二是客户证券投资组合的规模（包括现金存款和金融工具）超过50万欧元；三是客户在金融行业的专业性职位工作或曾经工作时间至少1年，具备相关业务知识。

（5）MiFID将投资管理人员归类为合格对手方。然而，有许多人建议将他们的类别降低，以避免他们代表客户利益和代表公司利益时产生利益冲突。

（6）客户可能在一些特殊业务或交易上要求升级投资者类别，一般来说这也会给公司带来一些额外负担。

2. 适宜性和适当性

公司向客户提供投资建议或投资组合管理业务时，必须承担客户适宜性的责任。公司必须充分了解客户是否具备相关投资知识与经验、财务状况和投资目标后，才能向其推荐适宜的投资服务和金融工具。

与现有规定一个最大的区别是：适宜性责任的对象不仅是零售客户，还包括专业客户和合格对手方。此外，公司向专业客户（非从零售客户升级而来）提供投资建议时，也就认为该客户可以承担该项投资带来的任何经济风险。

适当性测试是英国提出的一项新要求，它适用于公司向零售客户和专业客户（但不包括合格对手方）提供投资建议或者投资组合管理业务，尤其是经纪业务。公司必须了解客户的相关知识经验，以评估这些业务或产品是否适合该客户。

实际上，适宜性要求的应用在实践中也受到几个方面的限制：一是从提供适宜性责任来说，《金融工具市场法令》（草案第二稿）允许公司认为专业客户具备必要的知识和经验（如上所述，该要求不适用于证券公司向合格对手方提供经纪交易业务）；二是在涉及零售客户交易时，证券公司可根据《金融工具市场法令》（草案第二稿）第19（6）条规定在进行经纪业务时豁免适宜性责任。但必须满足以下条件：（1）该业务涉及已获准上市的股票、债券、其他资产证券化债务工具、集合投资贷款证券化产品及其他非复杂性金融工具等；（2）该业务是根据客户的主动要求而提供的；（3）证券公司预先告知该客户，公司进行的任何适宜性评估或测试都是非营利性的；（4）公司具有遵守 MiFID 相关利益冲突规定的责任。《金融工具市场法令》（草案第二稿）第39条规定了多项非复杂工具的标准。按此标准，所有衍生产品都不属于非复杂金融工具，对零售客户开展衍生产品执行交易的经纪业务须进行适当性测试。

三、日本的投资者分类制度

为进一步保护投资者，以构建公正、健全的资本市场为目标，日本于 2007 年 9 月 30 日施行《金融商品交易法》，并取代原来的《证券交易法》，成为规范内容几乎涵盖所有金融商品与金融服务的证券法规。该法规定了特定投资者制度。

（一）特定投资者制度的基本内容

《金融商品交易法》将投资者分为特定投资者和一般投资者。所谓特定投资者，是指所谓的专业人士，促进金融交易市场的发展，对特定投资者的行为规定有所放松。其中，特定投资者可以细分为不可以变更为一般投资者的特定投资者和可以变更为一般投资者的特定投资者；一般投资者分为可以变更为特定投资者的一般投资者和不可以变更为特定投资者的一般投资者。因此，所有投资者可以分为两大类、四小类。根据《金融商品交易法》及其配套法规，各类投资者具体范围如下：

1. 特定投资者

（1）不可以变更为一般投资者的特定投资者。主要包括：国家、央行、合格机构投资者、持有有价证券余额为 10 亿日元以上的法人、有价证券余额在 10 亿日元以上且具有 1 年以上投资者经验的个人。这里的合格投资者，是指在《金融商品交易法》实施之前被认定的合格投资者，具体包括证券公司、银行和保险公司等。

（2）可以变更为一般投资者的特定投资者。主要包括：资本金在5亿日元以上的股份公司、上市公司、投资者保护基金、依据特别法设立的行政法人、地方公共团体、外国法人等。

2. 一般投资者

（1）可以变更为特定投资者的一般投资者。主要包括净资产与投资资产均在3亿日元以上且具有1年以上投资经验的个人等。

（2）不可以变更为特定投资者的一般投资者。

（二）特定投资者制度的适用范围

日本特定投资者制度，主要是用来规范金融机构，特别是证券公司在向客户销售金融产品和提供金融服务时，要根据投资者的类别及特点，将合适的金融产品和服务提供给适当的投资者，不准进行不适当的业务开发活动。

同时，《金融商品交易法》对金融商品交易从业人员的行为规则作出详细规定，强调从业人员要遵守销售适当性原则，要根据投资者的金融知识、经验、财产、投资目的等状况，将金融产品或服务销售给适当的投资者。例如，某证券公司具体将投资者细分为三类：第一类追求利息、分红等稳定收益的投资者，向这类投资者只可销售低风险金融产品；第二类是追求稳定收益又有产品溢价的平衡性投资者，向这类投资者只销售低风险产品和中等风险产品；第三类投资者主要追求金融产品的溢价收益，向这类投资者可销售低风险、中等风险和高风险产品等全部金融商品。上述低风险产品主要包括货币市场基金、国债基金和国债等产品；中等风险产品主要包括日本国内外股票、债券、股票投资信托产品、债券投资信托产品、年金保险产品等；高风险产品主要包括信用交易、期货交易、期权交易以及资产证券化产品等。

四、对我国的启示与借鉴

对投资者进行分类保护，要求证券期货经营机构在进行业务活动中遵循投资者适当性制度，这是发达资本市场的通行做法，也是保护投资者的重要手段。我国应建立健全投资者分类制度和投资者适当性制度，完善投资者保护的制度体系，为资本市场的长远发展奠定更加坚实的基础。

在我国资本市场上，目前还没有对投资者统一明确的分类。从广义资本市场的角度来看，对属于私募证券性质的金融产品的销售，在金融分业监管体制下，相应监管部门分别制定了相应的合格投资者制度。针对不同的金融产品，相应的监管部门及自律组织已经或者正在健全相应的投资者适当性制度。具体来看，我国已在上市公司定向增发、国际证券业务（QFII 及 QDII）、信托公司信托计划及商业银行个人理财产品等方面建立了合格投资者制度，在证券公司的证券交易、创业板市场投资、证券投资基金销售、商品期货和金融期货产品建立了投资者适当性制度。上述投资者分类及适当性制度，都有非常具体的规定，不再赘述。需要指出的是，由于理财产品、固定收益类产品等投资者的分类标准不统一，也在一定程度上导致了证券发行人的“监管套利”行为，即发行监管标准较低的理财产品获得更快速的发展。

我国可考虑在向“特定对象”发行证券活动中建立合格投资者制度。在我国，与境外证券私募相对应的概念是证券定向发行。我国《证券法》第十条规定：“有下列情形之一的为公开发行：（一）向不特定对象发行证券的；

（二）向特定对象发行证券累计超过二百人的；（三）法律、行政法规规定的其他发行行为。”上述“特定对象”主要是指对投资风险具有较强的识别和承受能力的机构投资者、个人投资者及发行人的董事、监事、高级管理人员和发行人员，建议将这些“特定对象”通过适当的法律法规（例如通过国务院条例、投资基金法或股权投资基金管理法规等）界定为“有信誉投资者”或者“合格投资者”，从而在我国证券定向发行活动中建立“合格投资者制度”，并且在此基础上建立全国性柜台交易市场。主要有以下几点考虑：

（一）有利于完善我国多层次市场结构体系

美国合格投资者制度增加了合格投资者的投资机会，增强了美国私募证券市场的流动性和吸引力，拓宽了投资者基础，深化了资本市场功能。我国定向发行市场具有自律性、契约性、风险个别性等特点，如果缺乏明确的法律法规对其进行规范，这一市场就缺乏足够的吸引力，其融资功能也难以充分发挥，也会在一定程度上削弱“公开发行”市场的基础。

（二）有利于壮大机构投资者队伍

明确将证券公司、基金公司、银行、保险、信托及具备条件的个人界定为资本市场的“合格投资者”，可以拓宽机构投资者基础，增加投资渠道，增强长期投资者理念，进而引入更多的长期资金进入资本市场。

（三）有助于解决中小企业融资难题

中小企业融资难是制约我国经济发展的一个重要因素。

在解决中小企业融资难题中，资本市场可以发挥更大的作用，与此同时，解决这一问题也可以成为推动资本市场发展的重要力量。创业板和中小企业板可以解决部分中小企业的股权融资问题，但更多的企业需要通过向“特定对象”发行证券来融资。据有关统计，1981～1992 年，外国发行人在美国市场共筹资 2 318 亿美元。其中，通过私募筹资 1 349 亿美元，占总筹资额的 58.20%；通过向 SEC 注册公募筹资 969 亿美元，占总筹资额的 41.80%。在定向发行市场融资条件较低，对企业信息披露要求不高，大量企业可通过向合格投资者发行股票进行股权融资，可深化资本市场的功能发挥，促进提高我国直接融资比重，优化金融市场结构。

（四）促进公司债券市场的发展

上市公司向合格投资者发行债券，可降低融资成本，使公司债券市场具有较强的吸引力。

（五）对合格投资者需要进行相应的监管

在充分研究论证的基础上，我国可以制定相应的合格投资者标准。但对参与证券“定向发行”活动的合格投资者，除接受金融机构监管的机构或者个人投资者外，应建立相应的注册备案和诚信制度，进行适度的监管。对合格投资者持有的证券，应允许其在持有一定期限后可以在 OTC 市场进行转让。合格投资者是 OTC 股票和债券市场的重要参与主体。因此，我国也可在建立合格投资者制度的同时，建立类似于美国 Portal 系统的证券柜台交易平台或者 OTCBB 市场。

组建金融研究办公室 打造国家金融监管智库

——美国重建金融监管优势的改革举措[①]

2011年9月，美国财政部开始招募60余人的高层次金融研究人才，并期望这些研究人才能够即刻在财政部上班，以根据《多德—弗兰克华尔街改革与消费者保护法案》组建美国政府高级金融监管智库——金融研究办公室。金融研究办公室将设在财政部下面，是一个与美国证券交易委员会和美国期货交易委员会具有同等行政级别的专业研究机构，并且是这次金融监管改革方案中，继金融稳定监督委员会和消费者金融保护局之外的第三个国家级金融监管机构。

① 本文完成时间2011年12月8日，刊登在上海期货交易所主办的《期货与金融衍生品》2012年1月总第63期上。

一、金融研究办公室的目标与职责

（一）目标与职责

金融研究办公室的目标是协助金融稳定监督委员会实现其职能，对会员机构（指金融稳定监督委员会中具有投票权成员代表的机构）提供支持。

具体包括：（1）代表金融稳定监督委员会收集数据，提供给委员会及其会员机构使用；（2）对收集和上报的数据类型和格式进行标准化处理；（3）开展应用性研究和前瞻性、战略性研究；（4）开发风险测量和监控工具；（5）提供其他相关服务；（6）及时向其他金融监管机构通报金融研究办公室的工作进展；（7）协助会员机构选择符合法案规定的数据。

（二）行政职权

金融研究办公室的行政职权有：（1）与金融稳定监督委员会、会员机构和美国经济分析局（Bureau of Economic Analysis）分享数据和信息，包括办公室开发的软件。这些共享的数据、信息和软件在使用时，不得低于金融研究办公室使用时的安全等级；未经委员会允许，不得为其他个人或实体使用。（2）赞助和开展研究项目。（3）可以向会员机构以外的联邦机构有偿提供金融分析支持。

（三）规则制定权

范围界定：在与金融稳定监督委员会主席协商之后，金融研究办公室可以但仅限于对完成上述“目标与职责”中的第（1）（2）（7）条制定相关规则和条例。

标准化规定：在与金融研究办公室协商后，会员机构应按照金融研究办公室制定的有关规定，对收集和上报的数据类型和格式进行标准化。若会员机构未能在规定出台的3年时间内执行规定，办公室可以同金融稳定监督委员会主席协商，对在会员机构管辖下的金融实体执行该规定。但该条款不得以这种形式来取代或影响会员机构在其他法律规定下独立收集数据的权力。

（四）作证

概述：金融研究办公室主任须每年就办公室在银行、房地产、城市事务、金融服务等方面所做的工作，向参、众两院报告并作证，包括其下设数据中心、研究和分析中心的工作，以及其对重要金融市场活动和对金融稳定潜在威胁的评估等。

不得提前查看：在做上述报告和作证之前，美国任何官员或机构均无权力以批准、建议或审查之名提前查看金融研究办公室的证词。所有向国会提交的证词必须声明其观点出自金融研究办公室主任而不代表美国总统。

（五）补充报告

金融研究办公室主任可以向国会提交有关美国金融稳定性的补充报告。提交补充报告必须同时告知金融稳定监督委员会。

（六）传讯

概述：金融研究办公室主任可以传讯金融企业，提交“目标与职责”中的第（1）项和“数据中心”（Data Center，金融研究中心内设机构，下文将详细介绍）第（1）项中要求的数据，但必须基于办公室主任书面的传讯要求，即认为这些数据能够为金融研究办公室的法定职责服务；办公室已经根据“减轻报告负担”的要求，与相关金融监管机构进行了合作。

形式：上述传讯必须有金融研究办公室主任的签名并由主任指定的人员或某类人执行。

执行：为防止不服从传讯，提高实施效果，传讯通过美国地区法庭发出。对传讯的不服从可视为蔑视法庭行为而遭受处罚。

二、金融研究办公室的设立

（一）办公室的设立与办公室主任

设立：金融研究办公室设在美国财政部内部。

办公室主任：（1）任命与任期。由参议院提名、批准，并由总统任命，负责总管金融研究办公室各项事务。一般任期6年，特殊情况下（如没有合适继任者或继任者未被正式任命）可延期。（2）行政级别。办公室主任的薪酬待遇为美国政府行政部门最高雇员等级（Executive Level，又称首长级别）中的第三级别（相当于美国证券交易委员会主席和美国期货交易委员会主席的职级）。（3）禁止兼职。任期内不得兼任其他金融监管机构的负责人。（4）职责与权力。在履行职责和执行权力过程中享有全权决定权。

预算：与金融稳定监督委员会主席协商后，金融研究办公室主任应制定金融研究办公室的年度预算。

人力资源：与金融稳定监督委员会主席协商后，金融研究办公室主任可以确定办公室的人员规模，并对员工进行任命和领导。与金融稳定监督委员会主席协商后，金融研究办公室主任可以确定、调整和分配员工的薪酬，而无须参照《美国法典》第5篇“政府组织与雇员”第51章或第53章中有关职位分类的标准，或一般行政人员执行的通用工资标准（General Schedule）。

来自联邦机构的支持：任何美国的机构或部门都可以向金融研究办公室及其指定的咨询、技术或专业委员会提供恰当的服务、资金、设备、人力等支持。任何联邦政府工作人员都可调任至金融研究办公室工作。该调任不受任何干扰，且保留调任人员在原行政部门享有的级别和权利。

离职后的禁止性规定：美国财政部长在与美国政府道德规范办公室（Office of Government Ethics）主任取得一致意见后，应当对金融研究办公室主任及其他能够接触到数据中心交易或仓位信息或在办公室报告范围之内的金融实体机密信息的员工，作出离职1年之内（从最后一次接触到机密信息的时间算起）不得应聘金融公司或向金融公司提供咨询顾问服务的规定（不管该金融公司是否属于向办公室报告的范围）。对于不能或只能部分接触到商业机密信息的员工，在不影响机密信息泄露的前提下，可根据个体情况实施较短时间的离职禁止。

技术和专业咨询委员会：在与金融稳定监督委员会主席协商之后，金融研究办公室可以指定特定的顾问、技术或专业委员会行使办公室的职能；委员会成员可以是办公室的员工，也可以是其他人员，或者兼任。

研究资助项目：在与金融稳定监督委员会主席协商之后，金融研究办公室可以建立和运行研究资助项目，邀请符合条件的专家学者在金融研究办公室开展研究，为员工提供高级培训，时间最长不超过2年。

三、组织结构与重要部门的职责

（一）概述

为履行金融研究办公室的职责，内设两个机构：一个是数据中心；另一个是研究和分析中心。

（二）数据中心

1. 职责概述

（1）数据收集。数据中心可以代表金融稳定监督委员会收集、验证和保存所有有助于数据中心行使职能的数据。数据可以来自会员机构、商业化数据提供商、公开数据资源以及（2）中规定的金融实体。

（2）权力。（a）关于概述：经金融稳定监督委员会或经办公室主任与委员会共同协商，金融研究办公室可以要求金融企业提供定期报告或补充报告，以衡量金融企业参与金融活动、金融市场的程度或金融企业本身对美国金融稳定性造成的威胁。（b）关于降低报告负担：在向受会员机构监管的金融企业或重要金融监管机构征集报告之前，外国监管者或金融研究办公室都应该先同这些机构沟通协作，尽量使用机构已有的信息，以减轻报告负担。（c）收集金融交易和仓位数据。经金融研究办公室主任与委员会协商，办公室应有计划地向金融企业收集金融交易数据和仓位数据。

（3）制定规则。金融研究办公室应根据“目标与职责”中第（1）（2）（7）条和“规则制定权”中第（1）条的内容制定规则，规范数据中心数据收集的类型和范围。

2. 具体任务

（1）出版。为方便大众获取数据，数据中心应该着手准备和出版：金融企业参考数据库、金融工具参考数据库、金融研究办公室所需数据的格式和标准（包括向办公室报告的金融交易数据和仓位数据的标准）。

（2）保密。对（1）中涉及的保密数据，数据中心不得出版。

3. 信息安全

办公室主任必须确保数据中心收集和保存的数据的安全性，防止未经授权的泄露。

4. 金融实体和金融工具目录

数据中心必须编制一套金融实体和金融工具目录，向办公室报告。

5. 便于金融稳定监督委员会和会员机构使用

数据中心必须确保其收集和保存的数据便于金融稳定监督委员会及其会员机构使用，从而对他们的监管工作进行支持。

6. 其他权力

经与会员机构协商，金融研究办公室应该为金融行业参与者和公众提供部分数据，以增加市场透明度，加强对金融系统的研究。底线是不侵犯知识产权，保护商业机密信息，且这些信息的共享不会对美国金融系统稳定造成威胁。

（三）研究和分析中心

研究和分析中心应该保持并提高独立分析能力，对所拥有的资源进行处理利用，从而：

（1）开发和建立风险测量系统和风险报告系统，保证美国金融的稳定性；

（2）对系统性风险的类型和程度进行监测、调查，向金融稳定监督委员会和国会报告；

（3）开展、协调和资助研究，支持和完善对金融实体和金融市场的监管；

（4）对受会员机构监管的金融实体的压力测试和其他稳定性评估的结果进行评估和报告；

（5）保持在这一领域的专业水平，时刻准备为金融监管者提供咨询建议；

（6）对金融市场的波动和不规范行为进行调查和撰写报告，并基于报告向金融稳定监督委员会提出建议；

（7）对与系统性风险相关的政策执行效力进行研究和建议；

（8）研究开发应对金融风险的最佳管理对策。

（四）报告义务

1. 报告要求

法案正式生效后 2 年内及之后各财年结束后的 120 天内，金融研究办公室必须向国会呈交一份报告。

2. 内容

报告必须对美国金融系统的运行状况进行评估，包括：（1）对美国金融稳定性面临的威胁分析；（2）金融研究办公室为实现其职能目标所做的各项努力；（3）金融研究办公室在研究分析金融体系过程中的重要发现。

四、资金来源

（一）金融研究基金

- 基金设立：将在美国财政部内部单设一笔独立的“金融研究基金”。
- 资金接收：在“过渡期资金”项下办公室获得的过渡性资金和在“自筹资金”项下办公室获得的自筹资金都将被收入“金融研究基金”。
- 投资授权：（1）可用于投资的资金。办公室主任可以要求将基金中暂时不用的部分用于投资；（2）适当性投资。基金只能投资于美国政府债务工具，或者美国政府对本金和利息进行担保的债务工具，并且其到期期限应符合研究基金的支付需要。
- 利息和收益计入：投资所获的收益必须计入基金，成为基金的一部分。

（二）基金使用

- 概述：进入“金融研究基金”的资金必须能立即且长期为办公室执行各项职责的开支所用。

• 不属于政府资金：进入“金融研究基金”的资金不得划归为政府基金或政府拨款。

• 不得摊派：尽管《美国法典》第31篇“货币与财政”对摊派有所规定，但“金融研究基金”的资金不适用于该规定指定的摊派，也不受其他任何权力机关的摊派。

（三）过渡期资金

在该法案生效后的2年内，财政部需为办公室各项开支提供充足的过渡性资金。

（四）自筹资金

在该法案生效2年并取得金融稳定监督委员会批准后，建立资产自筹计划，包括资产的基数和收费比率。该计划适用于总资产在500亿美元及以上的银行控股公司和受财政部监管的非银行金融公司，并考虑公司间的差异，建立符合“关于财政部监管的非银行金融公司和特定银行控股公司的严格监管和审慎标准”规定的标准，筹措足够资金支付办公室的各项开支。

五、过渡期管理

（一）目的

确保金融研究办公室有一个规范有序的开端；能够吸引和留任高质量的员工；建立完善的员工培训和薪酬体系。

（二）报告要求

1. 概述

金融研究办公室需每年就其在银行、房地产、城市事务、金融服务等方面所做的工作，向参、众两院提交年度报告，包括以下各项计划。

2. 计划

在法案生效后5年内本计划有效：（1）员工培训和发展计划。办公室必须提交切实可行的员工培训和发展计划，包括：对员工专业技能的需求及相关措施、鼓励创新的措施、领导力发展计划和继任计划、员工对技术的有效利用。（2）灵活工作计划。办公室应提交一份切实可行的灵活工作计划，包括：远程工作（使用信息通信系统）、灵活的工作日程安排、分阶段退休、退休人员的再聘用、招聘兼职人员、工作共享、产假和育儿补助、家庭伴侣福利计划、工作场所的灵活选择、以上各项的任意组合。（3）招聘和留任计划。办公室应提交一份切实可行的招聘和留任计划，包括：寻找有多元化背景的高质量应聘人员的措施；合理化招聘流程；招聘告示中的各项条款；衡量招聘效率的各项指标信息收集。

六、美国金融研究办公室对中国的启示

（一）独立见解是研究机构的价值所在

为保障金融研究办公室研究意见的独立性，《多德—弗兰克华尔街改革与消费者保护法案》明确规定："金融研究办公室每年所做的工作，须向参、众两院报告并作证，并规定在作出正式报告之前，美国任何官员或者机构均无权力以批准、建议或者审查之名提前查看。"同时，还建立了专门的研究基金，明确了长期的资金来源，以确保研究办公室的长期持续发展。

（二）中国金融业的创新发展需要建立专门的政府金融研究机构

尽管美国社会拥有大量的民间智库，但这次金融危机表明，金融业的创新发展与金融产品的多样化、复杂化，需要建立专门的政府金融研究机构，提供独立、客观和公正的研究意见，以便对系统风险和金融稳定进行跟踪研究，供国家相关机构决策参考。

金融衍生产品：国家核心竞争力的重要组成部分

——美国衍生产品监管改革及其启示[①]

美国由次贷引发的金融危机，已对国际资本市场发展与监管产生深远影响。这次危机与以次贷作为基础产品的场外金融衍生产品有密切关系，美国也已对场外衍生产品监管体制进行改革，这对我国有重要启示。我国应加快发展金融期货市场，进一步完善相关监管体系，增强金融国际竞争力，使资本市场在大国博弈和经济金融全球化中发挥更加重要的作用。

一、衍生产品是金融竞争力的重要组成部分

伴随经济全球化和金融市场波动不断加大，对作为风险管理工具的金融衍生产品的需求也日益增加。近年来，金融衍生产品市场的快速发展，是现代金融发展的重要成就，金融衍生产品成为一个国家金融国际竞争力的重要组成部分。

① 本文根据作者2009年11月14日在北京召开的“第三届期货高管年会”上的发言整理而成。

金融衍生产品按照交易场所的不同划分为场外交易衍生产品和场内交易衍生产品。最初的衍生产品都在场外进行交易，后来随着市场参与者的日益增多，场外衍生产品的交易成本急剧上升，于是标准化的衍生产品合约开始出现，开始有了在投资交易所交易的衍生产品。场内市场和场外市场互有优劣、互为补充，场内市场流动性高、市场透明、信用风险低，场外市场流动性不如场内市场、有违约风险，但场外市场可以根据参与者的需求量身定做产品合约。

过去10多年来，随着全球金融资产的快速增长，金融风险管理工具也日益丰富，并有力地促进了金融衍生产品市场的繁荣发展。根据国际清算银行统计①，1998～2007年，全球银行业资产总规模从11万亿美元增长到37万亿美元，全球股票市值从25万亿美元增长到63万亿美元，全球债券余额从33万亿美元增加到80万亿美元。从金融衍生产品市场规模来看，1998～2008年，全球场内期货、期权成交金额从71万亿美元增长到691万亿美元，未清偿合约名义价值从1.3万亿美元增长到80万亿美元；场外衍生产品未平仓合约名义价值，从72万亿美元增长到639万亿美元。

（一）场内金融衍生产品发展情况

场内金融衍生产品自1972年第一个股票期权开始挂牌交易以来，无论交易品种还是交易额，都有了长足发展。场内金融衍生产品根据基础资产的不同特征可分为三类：利率类衍生产品、外汇（货币）类衍生产品以及股指类衍生产品。一般来说，利率类衍生产品占场内金融衍生产品的绝大多数。按照国际清算银行的统计，2008年全球场内金融衍

① 国际清算银行网站提供了较为全面的全球场外和场内金融衍生产品统计数据，包括期货期权市场的规模、结构和发展情况的统计。本文金融衍生产品的统计数据均引自国际清算银行网站。

生产品（包括期货和期权）交易额 2 213 万亿美元。其中，利率类 1 919.66 万亿美元，占 86.74%；股指类 266.51 万亿美元，占 12.04%；其余为外汇（货币）类，约占 1.22%。2009 年 6 月，全球交易所金融期货、期权持仓合约价值 63.5 万亿美元。其中，金融期货约占 30%，金融期权约占 70%（见图 1）。

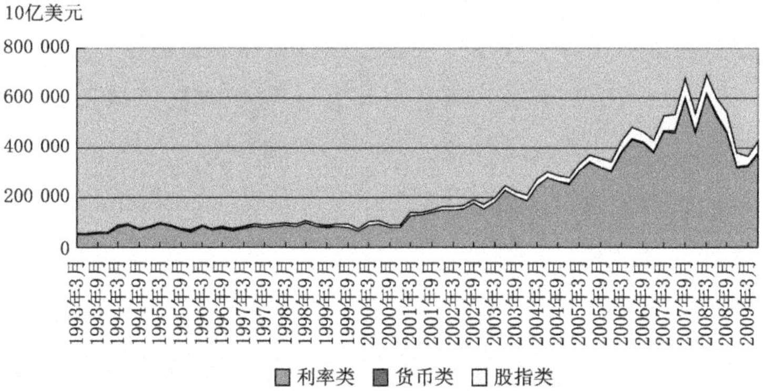

图 1　交易所交易金融衍生品构成情况（季度数据）

2000 年之前，场内金融衍生产品交易一直保持平缓增长的态势。2000 年之后的最初几年，场内金融衍生产品交易开始快速增长，至 2008 年 3 月达到顶峰。之后由于金融危机的加深，场内金融衍生产品交易开始回调，2008 年第 4 季度交易量环比跌幅达 30%。此后呈现止跌回升态势，2009 年前 2 个季度的环比增长率分别为 -3.46% 和 16.03%（见图 2）。

1. 利率类衍生产品

利率类衍生产品作为场内金融衍生产品的主力品种，其巨大的交易量反映了市场参与者对冲利率风险的强大需求。利率风险是经济中最重要的宏观风险，对管理利率风险的强大需求是利率类衍生产品从推出之初就备受青睐的最根本原因。交易所交易利率类衍生产品的季度交易量在 2001 年之

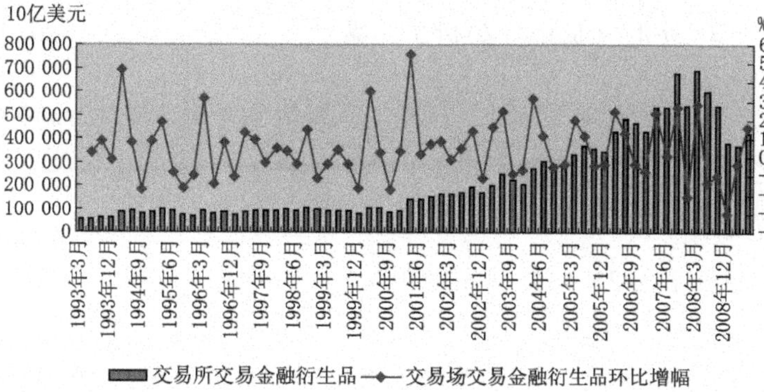

图 2　交易所交易金融衍生品交易量及环比增幅（季度数据）

前均保持在 50 万亿～100 万亿美元之间。2001 年后，全球化的推进使得利率风险加剧，而且美国在“9·11”恐怖袭击后大幅调低联邦基金利率，并且将联邦基金利率在极低水平上维持一年之久，造成了全球范围内的流动性过剩。对管理利率风险需求的加剧以及大量的流动性使得交易所交易的利率类衍生产品的季度交易量在 2008 年第 1 季度达到 612 万亿美元。在本次危机中，交易量有所回落，但 2009 年第 2 季度依然达 376.5 万亿美元，这反映出在客观上存在强大的管理宏观利率风险的需求（见图 3）。

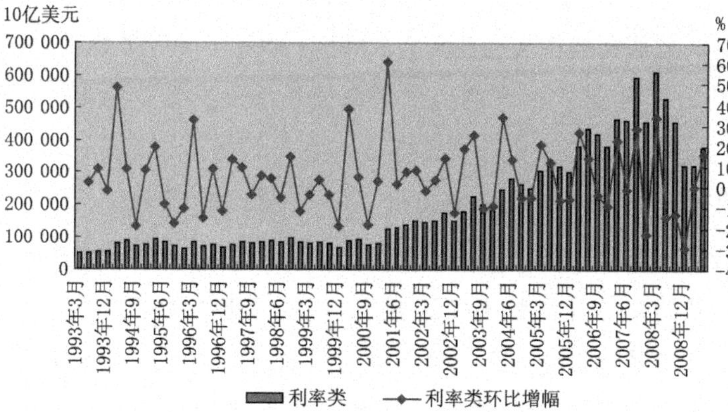

图 3　交易所交易利率类衍生品交易量及环比增幅（季度数据）

2. 外汇（货币）类衍生产品

交易所交易的外汇（货币）类衍生产品与其他品种相比占比较低，在2008年第3季度交易量7.93万亿美元，为历史最高值；2009年第2季度交易量为5.94万亿美元，环比增长率为23.62%（见图4）。

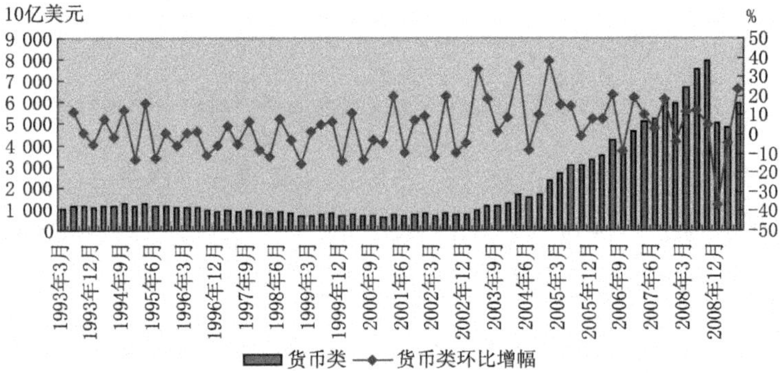

图4　交易所交易货币类衍生品交易量及环比增幅（季度数据）

3. 股指类衍生产品

股指类衍生产品交易量约占交易所交易的金融衍生产品的10%，是第二大交易品种。在2007年第2季度金融危机爆发之前，股指类衍生产品的交易量一直较为平稳地增长，于2007年第3季度达历史最高值，季度交易量为81.03万亿美元。危机爆发后，股指类衍生产品交易量下滑，但是考虑到全球股市的跌幅均超过30%，所以股指类衍生产品交易量的环比跌幅最高为30%，意味着在危机中股指类衍生产品的交易合约数事实上是上升的，2009年第2季度，股指类交易量为43.42万亿美元，环比增长率为14.26%（见图5）。这说明股指类产品在危机中客观上起到了对冲股市下滑风险的作用。

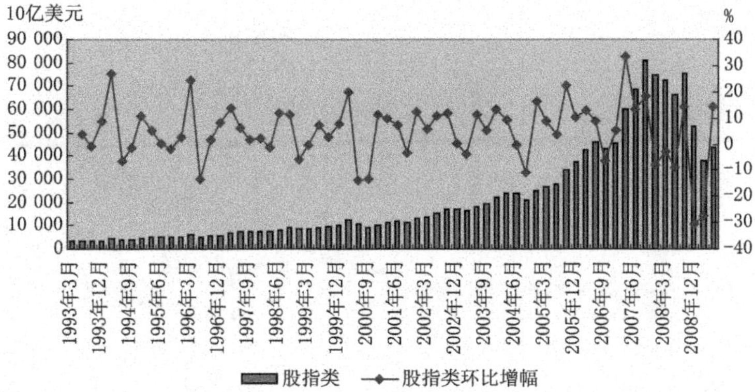

图 5　交易所交易股指类衍生品交易量及环比增幅（季度数据）

（二）场外金融衍生产品发展情况

金融衍生产品场外市场是指在金融衍生产品交易所之外进行的金融衍生产品交易的场所。国际清算银行从 1988 年开始统计十国集团和瑞士的场外金融衍生产品交易情况，并根据基础资产的不同，将场外衍生产品划分为外汇（货币）类衍生产品、利率类衍生产品、股权类衍生产品、商品类衍生产品、信用违约互换（CDS）以及未归类衍生产品 6 类（见图 6），其中利率类衍生产品是主要交易品种。截至 2009 年 6 月，场外市场未平仓合约名义价值为 604.62 万亿美元。其中，外汇类场外衍生产品为 48.77 万亿美元，约占 8.07%；利率类为 437.2 万亿美元，约占 72.31%；股权类为 6.62 万亿美元，约占 1.10%；商品类为 3.73 万亿美元，约占 0.62%；CDS 为 36.05 万亿美元，约占 5.96%；未归类场外衍生产品为 72.26 万亿美元，约占 11.95%。

衍生产品交易场外市场虽然未平仓合约名义价值巨大，但是合约名义价值本身不是度量市场规模以及风险敞口的合理指标。一个较为合理的度量指标是总市场价值（Gross Market Value）。总市场价值是指重置合约需要的成本，有点

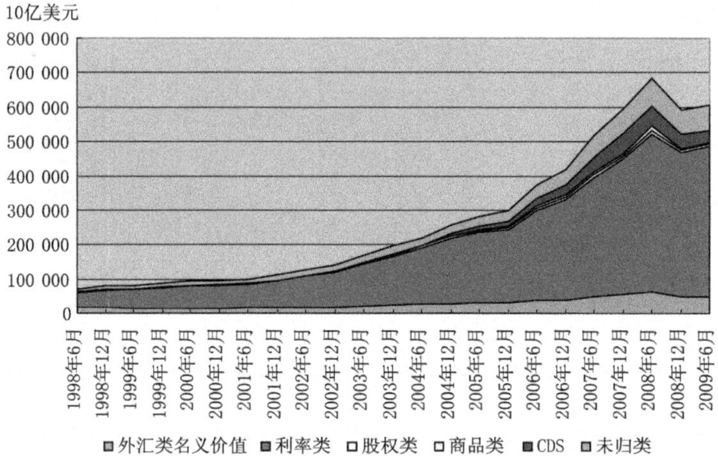

图6　未平仓场外衍生品名义价值构成

类似于交易所市场的保证金概念，但是又不尽相同，例如，A 银行和 B 银行做一笔本金 100 万美元的利率互换，约定 A 银行向 B 银行提供一定的浮息收入，而 B 银行向 A 银行支付一定的固定利率收益，现假定浮动利率上升 2%，则本例中合约名义价值为 100 万美元，合约总市场价值为 2 万美元。衍生产品市场场外交易总市场价值通常只占未平仓合约名义价值的 2% ~6%，在给定合约类型的情况下，总市场价值的占比上升意味着市场的风险敞口扩大。例如，2009 年 6 月，名义价值为 604.62 万亿美元的场外市场未平仓衍生产品合约，其市场价值为 2.87 万亿美元，不到名义价值的 5%（见图 7）。

1. 外汇（货币）类衍生产品

外汇类市场的总市场价值占比通常在 5% 左右，但危机爆发后一度于 2008 年下半年上升至 8%，市场风险加剧（见图 8）。这主要是危机爆发后美元兑其他主要货币的汇率波动加剧，而外汇（货币）类衍生产品的基础资产大多与美元有关。

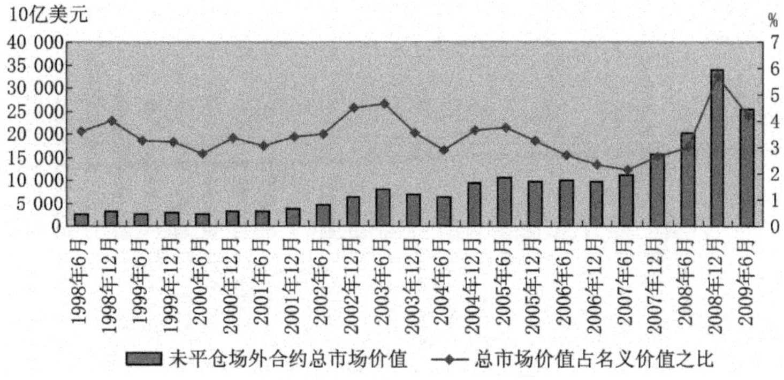

图 7　未平仓场外衍生品合约名义价值及总市场价值占比

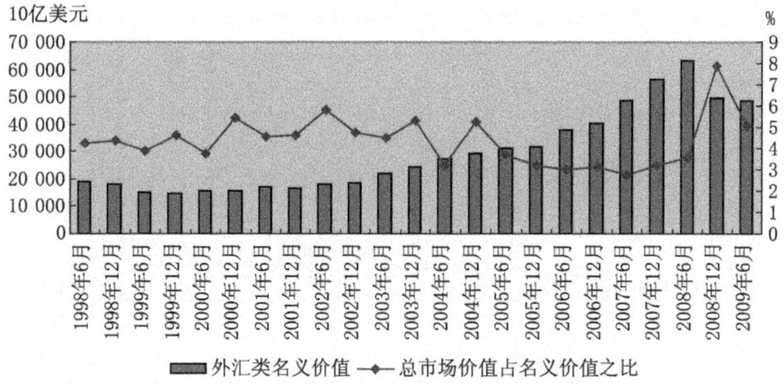

图 8　未平仓场外外汇类衍生品合约名义价值及总市场价值占比

2. 利率类衍生产品

利率类衍生产品是场外交易的主流品种，其总市场价值占比相对比较稳定，在 2% ~5% 之间，即使在危机期间，该值也仅为 4. 5% 。可以说，该市场风险一直能够得到很好的控制（见图 9）。

3. 股权类衍生产品

股权类衍生产品在场外交易品种中比重不大，但由于其相对利率类产品而言的风险性相对较高，使其总市场价值占比较高，通常为 10% ~20% （见图 10）。许多名声不好的

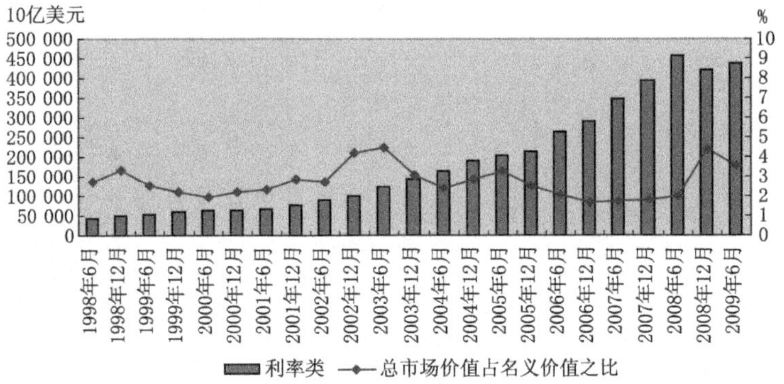

图 9　未平仓场外利率类衍生品合约名义价值及总市场价值占比

结构性衍生产品就属于股权类衍生产品。

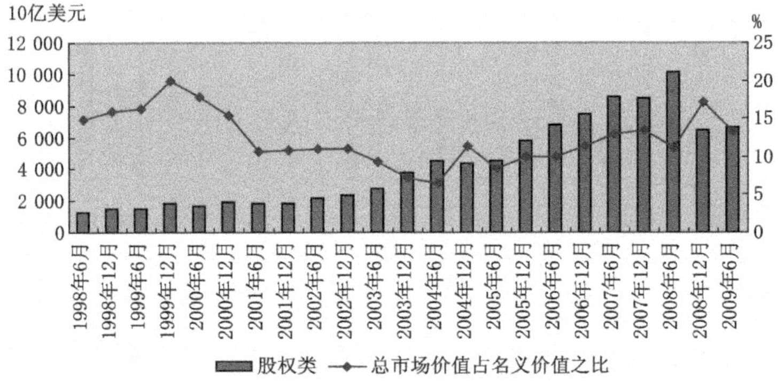

图 10　未平仓场外股权类衍生品合约名义价值及总市场价值占比

4. 信用违约互换（CDS）产品

CDS 是场外衍生产品市场的新品种，但自 1995 年面世以来，其交易量呈爆炸式增长。截至 2007 年年底，未平仓 CDS 合约的名义价值达 62 万亿美元。危机之前，CDS 市场的风险一直被低估，总市场价值占比仅为 2% 左右；危机爆发后，该比值飙升至 14%（见图 11）。由此可见，CDS 的市场风险在危机前并没有得到很好的揭示与控制。

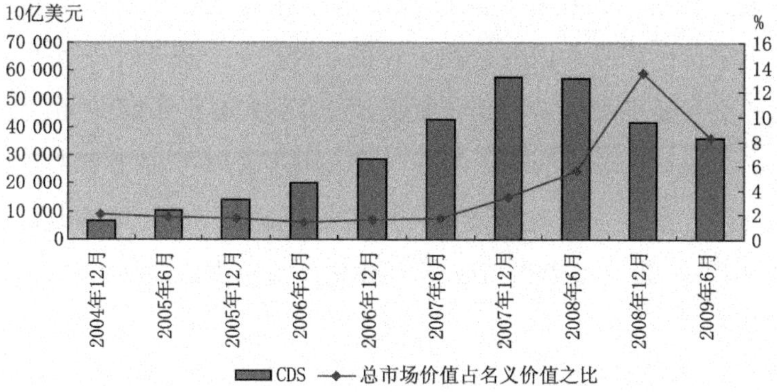

图 11　未平仓 CDS 合约名义价值及总市场价值占比

（三）金融衍生产品监管

衍生产品场外交易的名义价值远远大于场内衍生产品交易合约的名义价值，但与市场交易规模不相称的是场内交易市场处于严格的监管之下，而对场外市场交易的监管却缺乏力度。长期以来，场内、场外监管的不对称导致了“监管套利”的出现，这为系统性金融风险埋下了隐患。美国金融危机爆发的主要因素之一就是缺乏对发端于以次级贷款为基础资产的场外金融衍生产品的有效监管，这些产品主要包括 MBS、CDO 和 CDS 等。

二、美国场外衍生产品监管改革

为汲取金融危机的教训，恢复市场信心，增强美国金融市场在全球资源配置中的竞争力，美国时任财长保尔森于 2008 年 3 月提出了《金融监管体系现代化蓝图》，美国政府于 2009 年 6 月 17 日发布《金融监管改革——一个新的基础》白皮书，提出金融监管改革总体方案，以加强对包括金融衍生产品在内的金融市场的监管。在此基础上，美国证券交易委员会主席玛丽·夏皮罗于2009年6月22日在对美国参议院的听证会上，提出了美国场外衍生产品监管改革的具体方案（这些改革措施主要内容均体现在2010年出台的《多德—弗兰克华尔街改革与消费者保护法案》中）。

（一）监管目标

美国场外衍生产品监管目标是：保护公众利益，管理系统性风险，促进资本形成和经济的繁荣。同时，要重视适当监管的衍生产品的作用，包括为市场参与者提供对冲和有效管理风险的能力。

（二）监管框架的内容

1. 框架内容

场外证券衍生产品的主要监管责任保留在美国证券交易委员会。所有其他场外衍生产品的监管将主要由商品期货交易委员会负责，包括与利率、外汇、大宗商品、能源和金属有关的衍生产品。

2. 具体做法

规定对保留业务记录和信息披露的要求、适当的资本金和保证金的要求、透明高效的市场和清算系统，来监测和管理风险、商业行为和信息披露标准，保护市场参与者的利益，严厉打击欺诈和其他不当行为。

（三）监管改革的实现途径

为建立一个统一、一致的证券监管框架，建议国会将与证券相关的场外衍生产品置于联邦证券法的管辖范围内。可通过简单修改“证券”的定义来实现。联邦证券法可明确定义“证券”包括与证券相关的场外衍生产品，并删除目前“证券”定义中不包括掉期（Swaps）的表述。这样，不论这些产品如何交易，不论是在交易所还是场外交易，也不论这些产品是怎样清算的，美国证券交易委员会都有权管理这些与证券有关的场外衍生产品。

（四）对交易商和主要参与者的监管

场外衍生产品市场的主要参与者将受到监督和监管，以避免监管缺位。

1. 对银行与其他交易机构的监管

为减少重复监管，属于银行的场外衍生产品交易商将受到联邦银行监管机构的审慎监管。所有其他与证券相关的场外衍生产品的交易商将受到美国证券交易委员会的监管。美国证券交易委员会将有权为这些场外衍生产品交易商确定适当的资本要求。

2. 对交易对手方的监管

对所有与证券相关的场外衍生产品交易商和其他在与证券相关的场外衍生产品市场有大量的交易对手方风险的企业（“主要场外参与者”），美国证券交易委员会将有权设立行业标准和对业务记录和信息披露的要求（包括审计记录）。这种“伞形”权力，将有助于确保美国证券交易委员会拥有它所需要的工具，以监督整个与证券相关的场外衍生产品市场。主要场外参与者还必须在隔离客户资金和证券方面达到相应的标准。

3. 对结算机构的监管

对证券结算机构的监管制度，将确保与证券有关的场外衍生产品的中央交易对手方（CCPs）进行适当的保证金要求和其他必要的风险控制。历史上，美国证券交易委员会根据交易法第17A条对结算机构的监管，产生了世界上最有效、成本最低结算系统。

（五）建立投资者适当性制度

美国证券交易委员会和商品期货交易委员会协商，以确保不能向没有经验的投资者不适当地推介场外衍生产品。具体考虑是，拟采用一个分级的办法来监管，可根据投资者的经验和资金量对其分级，并要求在向经验等级低的客户推介产品时披露更多信息并提供更细致的服务。实施这样的监管办法需要国会在这个领域的授权。

三、美国场外衍生产品监管改革对我国的启示

美国次贷引发的这次金融经济危机，已经并将继续对国际资本市场及其监管产生深远影响。危机过后，美国通过检讨监管漏洞、完善监管体制来汲取教训，这对我国资本市场监管具有重要的启示。就金融衍生产品市场发展而言，主要有以下几点：

（一）衍生产品发展应有利于促进资本形成

发展金融衍生产品，应促进资源的优化配置，而不能强化资源错配；或者说，不能通过衍生工具把钱借给没有偿还保障的人。美国发生金融危机，原因并不在于金融衍生产品本身，而在于投资银行为追求短期利益而对衍生工具的滥用。避免这种现象发生的根本手段，是加强对金融衍生产品创新的监管，使这柄“双刃剑”能够充分发挥其正面功能。

市场规模不到 2 万亿美元的房地产次级贷款及其衍生产品，是引发全球范围内金融危机的直接因素。在过去的 10 多年里，特别是“9·11”之后的 2003～2004 年，美联储将基准利率保持在历史较低水平，使得流动性过剩，并从美国开始向全球输送，这使得投资者不断寻求高收益的投资工具，大量进行场外衍生产品交易。在房地产市场，次级贷款变成了 MBS 和 CDO 以及其他证券，次贷也就改变了它作为银行贷款的本来面目，变成了资本市场衍生投资工具，变成了大量的 3A 级证券，演变成市场名义规模达 62 万亿美元的 CDS，资本从世界各国金融机构的投资资产，变成了成千上万个美国次等信用等级、没有偿还贷款能力的购房人的负债。

（二）推进金融衍生产品创新应把风险控制放在首位

金融衍生产品具有杠杆交易、风险性大等特点，在推进金融衍生产品创新发展中，应始终把风险管理和控制放在首位。在华尔街各大投资银行进行金融衍生产品创新、推进次级贷款证券化过程中，强化了投资银行薪酬文化发展，放松了对风险的控制，从而对金融市场带来系统风险。

次贷危机的背后是对金融监管的放松，特别是对投资银行杠杆率以及信用监管的放松。2004 年，美国证券交易委员会取消了对金融机构负债的历史限制，使金融机构的杠杆率从 12∶1 上升到危机前期的 30∶1。

20 世纪 90 年代中期，雷曼兄弟公司第一个进入次贷市场，为比优质贷款高出 5～6 个百分点的收益率的次级贷款提供资金。虽然最终贷款人“信用不合格”，但由于不需要借助“两房”的力量，直接从专门为“信用受损”人士提供贷款的第一联合贷款公司手中购买到贷款，可以获得更高的收益率。此后，在低利率政策等因素推动下，美国各大投资银行都加入次贷市场。例如，2003～2007 年，贝尔斯登、雷曼、摩根斯坦利、巴克莱资本以及美林等公司均以巨资收购次贷机构，加快扩张次贷业务，最终集体酿成金融危机。

危机以来，尽管华尔街独立投资银行模式已不复存在，但这只是表象，华尔街的投资银行仍然存在，只不过是换了股东和经营模式。危机过后，华尔街投资银行仍将在国际资本市场发挥新的作用。

（三）发展金融衍生产品应监管先行

金融监管并非无关紧要，金融衍生产品发展到什么程度，监管就应当跟进到什么程度。长期以来，在期货交易所交易的金融期货产品都没有大的风险。美国与次贷相关的金融衍生产品，在场外进行交易，是场外金融衍生产品。场外市场与场内市场相比，面临更大的风险，这是因为场外市场缺乏相应的监管机制：一是场外衍生产品市场并没有期货交易所提供的保护机制，如保证金存款、价格涨跌停板等；二是场外交易市场没有交易对手方即中央结算系统作为担保；三是交易所对市场信息进行披露，具有较高的透明度，并且进行当日结算，可使风险得到及时化解，而场外交易产品长时间存在，导致市场规模不断扩大，风险不断积聚；四是场外市场缺乏联邦政府监管，而期货交易所受到 CFTC 的监督；五是场外交易市场出现人为定价即根据数据模型定价，而在期货市场由全体参与者进行市场化定价。

四、关于发展我国金融衍生产品的思考与建议

（一）发展金融衍生产品具有紧迫性

金融衍生产品是世界大国之间进行金融竞争的战略制高点，是获取国际金融资源的重要手段。金融危机前，美国依靠金融衍生工具，将全球投资者的资金吸引到美国，促进了房地产业发展，强化了美国利益。危机爆发后，美国通过金融机构和房贷人破产，客观达到了“逃债”的目的。利用国际资本服务国内经济发展，是美国发展资本市场的一贯政策，这次危机因为做得太“过分”，最终引发了经济危机，损害了包括美国在内的各国利益。

未来我国金融衍生产品在国际竞争中将处于重要战略地位，是金融国际竞争力的重要组成部分。我国金融市场的规模与效率，将越来越多地依赖于金融衍生产品市场的发展；金融机构的核心竞争力，将越来越多地依赖于对金融衍生产品技术的掌握与运用；实体经济的发展，特别是全球经济的周期波动，使广大企业和个人对金融衍生产品产生了更加强烈的需求。

（二）关于推出股指期货的几点考虑

- **关于推出时机。**在股市相对低迷时推出，负面因素较少，也会在较小的程度上增加对现货的需求与影响。同时，在股市处于调整期推出时，交易相对不活跃，有利于风险控制。建议创业板平稳运行一段时间后推出股指期货。
- **关于防范风险的重点。**股指期货推出后，风险防范的重点应是防止部分金融机构投机炒作过度导致严重亏损甚至破产，引发一定的负面影响。这需要中国金融期货交易所和期货保证金监管中心要做好机构客户账户的交易监控，做到早发现、早提醒、早制止。
- **完善投资者适当性制度。**目前颁布的投资者适当性制度中规定投资者应具备一定的资金门槛条件，这有利于保护投资者和防范市场交易风险，但以资金规模条件对投资者进行分类，在全球投资者交易所的投资者分类和适当性管理中还是不多见的。在股指期货市场初期，应加强投资者教育，对期货开户过程制定更加严格的自律规则，使期货公司及介绍经纪商能够深入了解客户资信和风险承受能力。

（三）建议着手研究开发利率和外汇等期货品种

利率和外汇期货品种只在交易所层面开展研究是不够的，须提升到中国证监会层面进行研究。建议与人民银行总行、中国银监会、外汇管理局、财政部等机构一起，联合成立相关研究工作小组，启动利率和外汇期货的研究准备工作。

（四）研究监管对冲基金和私募基金

金融期货推出后，发展期货市场亟须发展机构投资者。公募基金只适合在金融期货市场上进行套期保值，而不适合作为期货市场的专业机构投资者。建议引入英国和欧盟等实行的“轻触式监管”（Light－touch Regulation）理念，着手研究如何将对冲基金和二级市场私募基金纳入监管视野，拟定监管措施。

深度剖析英国金融服务监管局（FSA）

——英国金融监管体制的全面改革①

新千年伊始，英国对金融监管体制进行了全面的改革，在合并原来十余家金融监管机构的基础上，建立了单一的金融监管机构——金融服务监管局（Financial Services Authority，简称“金融监管局”），这一改革引起了国际金融界的广泛注意，也对各国金融监管体制的改革产生了很强的示范作用。分析研究英国金融监管体制改革，对深化我国金融监管体制改革和促进我国金融发展具有重要意义。

一、英国金融监管体制改革的目标模式：单一机构模式

（一）改革前的分业监管体制

英国金融监管长期以来实行以政府监管和自律组织自律

① 本文完成时间2004年5月，是作者根据2002年8月到2003年3月在英国金融监管局工作研习的总结报告改编而成，其中部分内容发表在《银行家》杂志2004年第5期。

相结合的分业监管体制。根据1986年《金融服务法》规定，英格兰银行负责银行业的审慎监管，证券投资局（SIB）负责证券业的监管，住房合作委员会负责住房基金的审慎监管，贸易工业部负责保险业的审慎监管。在证券监管体制中，在具有法定监管职责的证券投资局下，实行根据不同证券业务建立自律管理机构的自律监管体制。经过随后十多年的发展，这种较复杂的监管架构，最终形成了在证券投资局监管之下的3个自律机构，即证券和期货监管局（SFA）、个人投资监管局（PIA）和投资管理监管机构（IMRO），分别负责证券公司、基金管理公司和投资咨询机构的经营行为监管和审慎监管。

（二）改革的目标模式：建立单一监管机构

为适应金融发展，提高监管效率，从1997年始，英国对其金融监管体制进行全面改革，逐步建立了单一的金融监管机构体制。1997年工党在大选获胜后，对英格兰银行的地位进行了根本性改革，并于1997年5月6日和20日各发布一项决定。第一项决定英格兰银行将负责物价稳定，并取得独立于政府的地位；第二项决定其银行监管的职责将转移到一个单一的监管机构，英格兰银行将负责整个金融体系的稳定。根据改革决定，10家机构进行合并，组成单一的金融监管机构。这10家机构包括证券投资局（SIB）、证券期货监管局（SFA）、个人投资监管局（PIA）、投资管理监管组织（IMRO）、英格兰银行的银行监管部、注册互助委员会（RFC）、住房合作委员会（BSC）、互助合作委员会（FSC）、由贸易工业部划转到财政部的保险监管司以及伦敦交易所的英国发行上市监管局（UKLA）。1997年10月，证券投资局更名为金融服务监管局（FSA），1998年英格兰银行的银行监管职责移交给FSA。

（三）监管机构依法行使监管职责

2001年12月1日，FSA依照《2000年金融服务和市场法》（Financial Services and Markets Act 2000，FSMA 2000，或《2000年金融法》）规定，正式行使对金融业的监管职责，直接负责对吸收存款业、保险业和证券投资业的监管。FSA也获得了一些其前任监管机构所没有的监管权力，例如关于消除市场扭曲、促进社会公众对金融体系的理解和减少金融犯罪等。这种高度混业的金融监管模式，在全世界都具有代表性和示范性。

（四）英国模式的成因分析

英国进行金融监管体制改革、建立单一监管机构模式，有其深刻的国际和国内背景。从英国国内金融业的发展来看，一是金融控股集团（Conglomerates）和全能银行（Universal Banking）在金融市场的主导地位逐渐加强。从事混业经营的金融机构作为一个整体，其风险不同于各金融分行业风险的简单叠加，而需要能够监控金融集团整体风险。二是随着金融产品创新和金融体制创新日益活跃，许多新的金融业务具有跨金融行业的性质，而10家金融监管机构组成的分业监管体制难以适应这种发展要求，甚至经常出现因监管政策不一致而造成严重的效率损失的现象。三是在金融市场演化过程中逐渐形成了一些难以简单归入某一传统领域的业务，如对养老基金的监管。从国际金融业的发展来看，随着全球经济一体化和金融市场一体化，国际金融市场的竞争也日趋激烈，而要保持伦敦国际金融中心地位的优势，就必须不断改善伦敦金融市场环境，提高金融监管效率，避免金融监管政策的不一致。

（五）金融监管模式的国际比较

在国际上，建立单一的金融监管机构的国家或地区并非英国一家。还有其他国家将银行、证券、保险的绝大部分监管职责交由一个单一的机构进行监管（类似 FSA 模式），如日本、德国、丹麦和瑞士等。相当一部分国家实行银行业、证券业和保险业分业监管。有一些国家将银行业和证券业交由中央银行或一个独立的监管机构监管，如奥地利、比利时、芬兰、爱尔兰、卢森堡等。世界各国各具特色的金融监管体制表明，没有一个监管体制或一个模式是一成不变的，金融监管体制必须适应本国金融市场发展阶段和金融结构的特点，随着金融市场发展的变化而适时调整。

二、英国金融监管机构的目标原则与监管方法

（一）FSA 的法定目标

《2000 年金融法》规定 FSA 的监管目标有四个：一是维护对英国金融体系的信心；二是促进社会公众对金融体系的理解；三是确保对投资者的保护处于适当的水平，同时明确投资者自己的责任；四是减少金融犯罪。

（二）良好监管的原则

《2000 年金融法》在规定 FSA 监管目标的同时，也规定了其工作内容，即制定有关规章、起草和发布准则以及制定相应的金融监管政策。在从事这些工作过程中，FSA 也要

做到以下几点，这被 FSA 认为是“良好监管的原则”，它们包括：一是最经济和最有效地使用其监管资源；二是明确被监管对象管理层自己的责任；三是保持适度的监管费用负担和管制；四是促进金融创新；五是高度重视金融服务业的国际化特征和英国的竞争地位；六是促进竞争，而不是不必要地影响竞争。

（三）FSA 的监管方法

FSA 成立后，采用了一种新的、与原先监管机构采用的根本不同的监管方法——基于风险的监管方法。其目标是确保金融市场的高效、有序和公正，帮助消费者（投资者）获得公平的交易。其主要特征有：一是注重风险对 FSA 监管目标的影响，不管这些风险来自何处，如可能来自个别金融机构、特定的市场领域、消费者的理解与行为倾向以及宏观经济等；二是明确金融监管的现实目标和界限，特别是明确声明，FSA 的目标并不是防止所有金融失败或金融机构破产；三是明确消费者（投资者）自己和金融机构管理层各自的适当责任，明确在金融体系中消除所有金融风险和失败既是不可能的，也是不必要的；四是整合和简化以前监管机构采用的监管方法，建立了统一的基于风险的监管方法；五是建立了一个明晰的方法体系，用来识别和处理机构、市场和消费者所面临的最重要的问题，每年 FSA 据此公开阐明其确定的年度监管主题；六是运用《2000 年金融法》规定的所有的监管手段，包括消费者（投资者）教育；七是将监管资源的使用从金融风险的事后处理转移到事前的防范；八是创造激励机制，促使金融机构提高其风险管理水平，从而减少监管的负担。

三、英国金融监管机构的组织结构与主要职责

（一）FSA的组织结构

1. FSA的决策机构是其董事会

目前，其成员包括1名主席，1名首席执行官，3名执行董事和9名非执行董事。所有董事会成员由财政部任命，董事会制定FSA的一切政策。非执行董事来自英格兰银行、其他政府机构和金融机构，并组成一个委员会，其主要职责是确保FSA高效经济地运作、检查FSA的财务控制机制以及制定董事会执行董事的收入分配政策。FSA的日常决策和行政管理由执行董事负责。主席负责FSA的战略方向和全面管理，3个执行董事向主席负责，他们4人共同组成FSA的执行管理层。

2. FSA的内部共有20个部门

包括主席办公室、物业部、人力资源部、信息系统部、财务计划部、保险监管项目部、行业培训部、经营行为标准部、保险公司部、退休基金审查部、投资公司（基金）部、消费者（投资者）服务部、审慎监管标准部、吸收存款部、市场和交易所部、大型金融机构部、发行上市部、金融资格管理部、稽查部和风险评估部。

3. FSA目前有约2 500名职工

这些职工分别来自不同领域，包括金融业、法律界、会计界、公务员、前监管机构及消费者（投资者）组织等。

FSA 的 2004/2005 年财政预算为 2 亿英镑，折合人民币约 30 亿元，其中大部分用于职工的收入分配支出。FSA 每年公布其计划与预算，并向整个行业收取费用。

（二）FSA 核准金融业务资格

所有的金融机构和从业人员都必须经过资格审批程序后进入监管范围。而只有符合一定条件的机构和个人才能从事受到监管的金融业务。一是对满足必要条件的公司，颁发经营金融业务许可证书，准许其经营受到监管的业务活动；二是批准个人在金融机构关键岗位的从业资格；三是答复金融机构获取金融业务资格证书的有关事宜，答复金融从业人员获取金融业务资格的专业询问；四是确保未获得金融业务许可证的公司不得经营金融业务；五是收集和维护具有金融业务资格证书的公司和个人的信息。FSA 成立后，制定并采用了一套新的审核程序，适用于所有类型的申请者，可以使任何一个机构通过一次申请完成多种金融业务资格的申请工作。2002 年 FSA 大约批准了 1 200 家企业的从业申请，批准 31 200 件个人申请，处理 7 万件机构和个人对 FSA 提交的有关报告，处理 18 000 次有关查询等。

（三）FSA 制定金融机构监管标准

FSA 对金融机构的监管，主要包括审慎监管和经营行为监管。审慎监管主要包括监控金融机构的内部管理、资金运用、内部系统与控制是否适当；经营行为监管主要是指监控金融机构业务经营活动，对证券机构来说，主要是看他们如何对待投资者，是否对投资者提供清楚、公正和没有误导的投资信息等。

1. 审慎标准

FSA为它所监管的所有机构制定审慎监管标准。很多标准都与金融机构的资本充足率有关，或者是通过国际间的协商确定，如通过银行监管的巴塞尔委员会和国际保险业监管协会。对金融机构的高管人员安排、内部系统和控制还要求达到一定的要求；同时，金融机构还要严格遵守尽量减少公司被用来洗钱的可能性的有关规定。此外，FSA还制定有关监管对象的会计、审计、估值和透明度等标准的制定，但很多标准都是根据会计标准制定的。

2. 经营行为标准

经营行为标准主要涉及金融机构与客户的关系。FSA的经营行为标准部承担着制定和修订相关规定的指导性意见的基本职责。该部门也负责制定金融产品推销活动的监管政策，并负责参与对金融机构产品销售广告的监管。此外，该部门还从2002年8月起负责制定和实施对住房抵押贷款的监管政策，并监管集合性投资计划产品（如单位信托或封闭式基金）。

（四）FSA监管金融机构和其他有关公司

1. 投资公司

FSA投资公司部负责监管大约7 500个投资公司。这些机构包括全球基金管理运营机构、投资银行、大型英国股票经纪商和大型独立金融顾问机构，此外，还包括最小的公司金融服务机构，甚至个人金融顾问。FSA还直接监管相当数量的专业机构（如律师和会计师事务所），这些机构承担了大量的投资业务，包括提供投资建议产品服务。

2. 市场和交易所

作为维持市场信心职责的一部分，FSA 负责监督英国投资市场的诚信，其具体职责是监管交易所、登记结算机构和其他市场基础设施的提供者，以及监察市场行为和监控市场交易。FSA 共核准和监管 8 家交易所。这些交易所为其会员公司提供投资产品的交易服务，包括股权证券和衍生产品，例如伦敦交易所和伦敦金属交易所。作为监管者，FSA 还必须关注交易所和其他组织采用的电子交易日益增长对投资市场带来的影响。这些变化对市场的质量、可靠性和进入的影响是相当重要的，FSA 与交易所共同工作，确保这些系统能够达到监管要求。FSA 市场和交易所部负责市场监察和交易监控。交易监控单位负责分析从金融机构、认可的投资交易所和登记结算机构收集汇总的非正常交易行为信息，这些工作将对投资者提供有效的保护，并维护市场信心。

3. 公司上市

FSA 作为监管机构，依法监管和批准证券在英国的正式上市。该项职责由 FSA 上市部（UKLA）负责，包括审核和批准公司为申请在交易所上市提供的申请文件、招股说明书和其他相关文件。上市公司准备的其他一些文件，包括收购兼并和资产处置公告等，也由上市部批准。上市部要确保上市公司根据上市法规持续履行上市义务。

4. 其他机构

包括监管吸收存款机构、监管保险公司、监管大型金融集团和养老基金审核等。

（五）FSA 的金融市场稽查职责

根据新的法律规定，FSA 成为金融市场上唯一具有法定调查和执法权力的机构。在适当的时候，FSA 调查、惩罚和/或起诉可能违犯金融市场法规的行为。FSA 与刑事犯罪管理部门密切合作，并使用相应的民事和刑事权力。那些违反法律的行为，可能招致牢狱之灾。FSA 也使用其权力来确保客户资产安全。根据《2000 年金融法》规定，FSA 拥有以下权力：撤销一家公司的金融业务资格，通过公开声明或罚款等手段对公司或个人进行处罚，对市场违规行为进行处罚，下达搜查命令，对多种违法行为进行起诉以及要求对客户资产进行赔偿等。

（六）FSA 的减少金融犯罪职责

《2000 年金融法》赋予了 FSA 减少金融犯罪这样一个特殊的目标。防止金融犯罪是维护金融市场信心的一项重要工作。FSA 防范金融犯罪的工作重点主要是防止洗钱、欺诈和欺骗、市场经营犯罪等。根据《2000 年金融法》，FSA 有权制定与反洗钱相关的公司系统和控制方面的规章，并监督公司执行这些规章，而对那些不执行这些规章的公司可起诉。FSA 还拥有其他相关的起诉权力，如内幕交易。FSA 与其他相关部门密切合作，这些部门包括重大欺诈办公室、贸易工业部、内政部以及全国犯罪侦察局等。FSA 还和有关国际机构进行高效合作。

（七）FSA 积极参与国际活动

FSA 进行国际活动主要源于防范 FSA 完成其法定目标

面临风险的需要。维护市场信心和保护投资者利益，面临大量的国际因素，如金融犯罪无时不与国际事件密切相关、日益增加的投资者教育需要考虑国际风险因素尤其是使用互联网导致的风险因素。事实上，FSA 认为参与国际活动是实现其监管目标的不可缺少的组成部分。在监管合作方面，FSA 与其他欧洲和全球监管机构积极保持双边交往，并实现监管信息的共享。在欧洲层面上，FSA 与财政部一起参加多个欧盟委员会，FSA 也与英格兰银行以及欧洲中央银行在金融稳定方面密切合作。推行欧盟金融服务行动计划，即于 2005 年之前建立单一的欧洲市场和金融服务业，是英国国际活动的重要内容，英国是这项计划的主要推动者之一。在全球层面上，FSA 通过参与巴塞尔银行监管委员会、国际银行监管协会以及国际证监会组织等国际机构的活动，积极致力于参与制定国际准则和标准。

（八）FSA 的投资者保护职责

《2000 年金融法》规定 FSA 有四项目标，其中两项均涉及投资者，即促进公众对金融体系的理解和确保对投资者的保护处于适当的水平。FSA 的消费者（投资者）服务工作的主要任务是帮助投资者获得相应的投资知识，提高其理财技能，从而成为聪明的投资者，使其能够有效地进行个人财务管理和处理好财务问题。FSA 的这项工作可帮助消费者（投资者）减少损失、促进消费者（投资者）对自身权利与责任的了解，以及解释 FSA 作为金融监管者自身的局限性。FSA 的消费者（投资者）服务工作具体包括以下几个方面：一是直接向消费者提供提示信息，即 FSA 通过公共图书馆、服务热线、互联网站或某些金融机构提供的有关提示信息；二是消费者帮助，即 FSA 通过互联网站向消费者（投资者）提供信息，包括提示信息和对消费者（投资者）提供关于金融计划、金融产品介绍、向投资者购买金融产品提供一般性的建议、消费者权利和责任以及消费者关注的热点问题；三是消费者热线服务，即提供各种咨询服务，包括金融机构是否具备从业资格查询、解释投诉程序、提供 FSA 监管职责的信息等；四是个人理财教育，个人理财在英国是一门学校课程，FSA 向学校提供一定支持，帮助教师完成该课程的相应要求；五是在 2001 年出版了不同金融新产品的对照表，并通过互联网提供相关信息，帮助消费者了解不同金融产品的特性，从而作出正确的投资决策；六是监督投资者赔偿基金（FSCS）的管理与运用，即如果一家金融机构破产且无力偿还其客户（存款人、投资者或保单持有人）资产，则由该赔偿基金提供赔偿，FSA 制定相关规章和任命该基金管理机构的管理层，该基金管理机构相对独立运作。

（九）FSA 的新职责

FSA 建立之后，也获得了一些以前监管机构所没有的新职责。这些新职责主要包括：

1. 海外投资交易所的认证

FSA 从财政部获得了审批、监管和认证海外投资交易所和认证海外登记结算公司。目前经认可的海外投资交易所包括悉尼期货交易所和纳斯达克。海外认可机构必须符合《2000 年金融法》规定的认证要求，以确保海外机构在投资者保护方面达到与英国境内机构基本相当的标准。这种观点主要依赖于海外机构本国监管机构的有效监管。

2. 监管部分抵押贷款活动

根据 FSMA 2000 的规定，FSA 于 2002 年开始监管部分抵押贷款业务。抵押贷款机构必须获得 FSA 的许可，并符合《2000年金融法》规定的资格条件。

3. 监管信用合作社

目前大约有700家信用合作社。根据新的监管框架，信用合作社会员可获得与银行和住房协会投资者相当的保护水平，这将使信用合作社对投资者来说更有吸引力。该制度已于2002年7月起施行。

4. 监管消费者（投资者）合同的不公平条款

FSA取得了《1999年消费者合同不公平条款条例》规定的相关权力，来负责监管金融服务业消费者（投资者）合同中的不公平条款。

5. 监管劳埃德保险市场的职责

四、英国金融监管体制改革对我国的启示与借鉴

（一）金融监管对金融发展具有重要意义

英国金融监管体制改革是否成功，尚需较长一段时间的实践来检验。但从《2000年金融法》施行两年多的情况来看，其效果还是较为理想的。不同的金融机构虽然具有不同的业务特征和风险特点，但毕竟作为金融机构，其间的共性应当是主要的，建立统一的金融监管机构和采用统一的监管方法，应当具有相当大的可行性。当然，监管体制改革可以提高监管效率，但它只是决定监管质量的第二层次因素，有效监管的根本前提是具有明确的目标、保证监管机构的独立性和可靠性、保证监管机构拥有充足的资源和有效的执法

权力。

（二）良好的秩序来自于强有力的监管

FSA作为全球主要的国际金融中心之一的监管者，其监管力度其实是很大的，在监管对象之中也具有较高的权威性。发达市场中，金融从业机构虽然自觉性相应较高，但这主要是由于监管机构严厉处罚的威慑力所致。如果没有对违规行为的严厉处罚，金融机构很难克制其谋利冲动，市场秩序很难自觉保持公平公正。因此，金融市场越发达，越需要强有力的监管。

（三）关于证券监管与自律的关系

通过英国模式我们发现，监管与自律本身并没有天然区别，在英语中“监管”与“自律”本质上就是一个词（Regulation），是指对一个行业的管理权力。该权力属于监管机构还是自律组织，其实也没有多大区别，主要是看对权力的使用效果。谁能用好管理本行业的权力，就可以将该项权力（通过改旧法立新法）交给谁。而用好权力的前提，是看有什么样的手段去管理该行业、去处罚违规者，如罚款、取消从业资格等手段。如果一个组织缺乏必要的惩处手段，就很难用好管理一个行业或其某一方面的权力，很难完成其应尽的管理职责。

（四）关于中英证券监管的异同

通过比较发现，中英证券监管之间既有共同点，也有一定的区别。其共同点主要是，监管机构都需要在监管与发展之间寻找平衡，我国要通过促进证券市场的稳定发展，使其在金融体系和全面建设小康社会中发挥更大作用；英国是要保持其在全球的领先地位和促进金融的公平竞争而不能限制竞争。其不同点主要是监管所处的法律经济环境不同，英国是一个成熟的法治国家，其监管法规相当完善，FSA合并了所有金融法律、法规和指导性意见，形成了一个监管手册。该手册在FSA网站可免费下载，如果将其全部打印出来估计会达数万页。而我国正在建设法治国家，建立和完善法律法规体系是我们的一项重要工作，我们面临的证券市场是正处在转轨经济中的新兴市场，市场潜力极其巨大，经常面对新气象与新问题，监管机构需要较强的应变能力。

（五）关于审批与监管的关系

FSA资格管理部专门负责所有金融机构和个人的从业资格管理工作，每年可处理大量的申请工作。同时，集证券公司、基金管理公司、投资咨询与研究机构以及有关从业人员的从业资格审批于一个部门，也可减少一个机构内部容易形成的“重审批轻监管”现象发生的可能性。同时，把好进入金融服务业入门关极为重要，也为日后的监管工作奠定了基础。如果不合格的资金和人员进入受到严格监管的证券业或整个金融业，势必增加监管工作的负担。而把好入门关，对提高金融执业水平和监管水平，可起到事半功倍之效。

（六）关于我国金融分业监管体制

我国实行分业经营与分业监管的金融管理体制，这种体制适应我国的目前状况：一是打破了原来银行业一统天下的金融高度垄断状态，有利于形成运行安全、公平竞争的金融市场体系。二是分业监管有利于明确责任，提高银行、证券、保险各监管机构搞好各自监管工作的主动性和创造性。三是随着我国金融资产的迅速增长和金融产品超市的逐步形成，银行、证券、保险三家监管机构走向合并、建立单一的金融监管机构的要求将日趋强烈。但由于修改旧法与建立新法的程序要求时间较长，因此，这一过程的长度可能会超过人们的预期。四是在建立单一的金融监管机构之前，银行、证券、保险三方监管机构之间加强交流、协调与合作非常重要，应当在现有的三方（银监会设立后将是“一行三会”四方）主席联席会议的基础上，建立多层次的协调体系。

（七）借鉴英国做法在我国组建证券投资者服务机构

FSA 有一个专门的部门从事投资者服务工作。我国也可以考虑在中国证监会下组建这样一个专门的部门，主要理由有：一是我国证券市场作为一个新兴市场，也是一个新生事物，需要促进社会公众特别是广大中小投资者对证券市场和金融产品的理解；二是对投资者进行个人理财教育，目前我国大专院校中较少甚至没有个人理财方面的课程，这就需要证券监管机构做这方面的工作，主要是因为证券投资者面临的风险较大，这也是银行监管机构可以不做这方面工作的原因；三是介绍证券监管机构的职责，特别是要说明我国证券监管机构的局限性；四是研究制定投资者保护基金方案，如果证券公司破产后投资者的交易结算资金由这样一个保护基金来赔付，就可以使经营失败的证券公司顺利退出证券业，在证券业建立优胜劣汰的机制。

由此可归纳出我国证券投资者服务机构的主要职责有：一是促进社会公众特别是投资者对证券市场和金融产品的理

解；二是对投资者进行个人理财教育；三是宣传证券监管机构的目标与职责；四是研究制定投资者保护基金并监督其设立以后的运行情况；五是处理投资者的投诉并向稽查局提供一些案件来源；六是负责建立面向投资者服务的互联网站等。

参考文献：

1. 乔海曙，《金融监管体制改革：英国的实践与评价》，经济学家网站，2003。

2. 屠光绍等，《英国金融证券市场考察报告》，赴英国金融市场考察团，1999 年，中国证监会。

3. 吴治宇、彭张兴，《建立我国多层次资本市场的构想和政策建议》，2003 年，中国证监会。

4. 姚纲等，《英国、德国、瑞士的证券发行监管制度》，发行部访欧考察报告，2002 年，中国证监会。

5. 张洪俊、张昕，《英国〈2000 年金融服务与市场法〉评介》，经济法网站。

6. 周丽，李凯，《浅议英国期货市场之法律监管》，2002，www. allbrightlaw. com. cn.

7. 国际交易所联盟网站 www. world - exchanges. org。

8. Eeil Courtis, Alistair Milne, 2002, *Annual Survey of Supervisory Developments 2001/2*, Central Banking Publications, Bank of England.

9. FSA, *A New Regulator for the New Millennium*, January 2000, London.

10. FSA, *Business Plan 2004/05*, www. fsa. gov. uk.

11. FSA, *Introduction to the Financial Services Authority*, www. fsa. gov. uk.

12. International Financial Services, London, 2004, *Inter-*

national Financial Markets in the UK, May 2004 and May 2003 (www. ifsl. org. uk) .

13. International Financial Services, *Privatisation*: *UK Expertise for International Markets*, January 2003, www. ifsl. org. uk.

资本市场为地方经济发展扬帆助航
——资本市场服务地方经济的作用分析①

一、资本市场是现代金融体系最具活力的组成部分，掌握资本市场的知识与技能，就掌握了经济发展的重要推动力量

我国资本市场的产生与发展，是我国30多年来改革开放的重要成果之一，资本市场在配置资本资源、促进国民经济可持续发展方面发挥了不可替代的作用。

第一，从上市公司来看，目前共有上市公司1 600多家，所处行业涵盖传统工商业、基础产业、国民经济支柱产业和新兴行业，特别是国有金融机构和其他大中型国有企业相继上市，使上市公司成为国民经济发展的主要力量。

第二，从资源配置来看，各类企业特别是国有企业，通过发行股票筹集资金累计达3.2万亿元，充实了企业资本

① 本文系作者在云南省政府于2009年6月27日在昆明举办的“云南资本市场与产业发展论坛暨第二届春城金融论坛”上的发言整理而成。

金，促进了企业经营机制的转换，加快了产业升级，极大地提升了企业竞争力，促进了国民经济的可持续发展。同时，通过收购兼并，建立了市场化的企业优胜劣汰制，优化了存量资源配置，在一定程度上帮助国有资产保值增值，同时为民营企业发展创造了广阔的空间。

第三，从法律法规建设来看，以《中华人民共和国证券法》《中华人民共和国公司法》《中华人民共和国证券投资基金法》为核心的法律法规体系不断完善，建立起以市场准入和信息披露为核心的市场监管体系，强化以现代公司治理和诚实守信为核心的上市公司经营文化建设，为资本市场的长远发展奠定了坚实的法规、文化基础。

第四，从投资者队伍来看，机构投资者和个人投资者都得到发展壮大。截止到 2009 年 4 月底，共有证券投资基金 474 只，个人投资者有效开户数 1.08 亿户。资本市场成为学习市场经济知识的大学校，每个投资者在追求自身利益的同时，既承担了相应的市场风险，又在客观上推动了上市公司和国民经济的发展，为经济增长注入资本资源和持续的活力。

第五，从市场基础建设来看，近年来进行了股权分置改革、证券公司综合治理等重大改革，解决了长期困扰市场发展的历史遗留问题。同时，推进创业板建设，不断完善各项制度机制，为市场长远发展奠定了坚实基础。

第六，百年一遇的国际金融危机，给我们提供了难得的警示与借鉴。国际资本市场的发展历史表明，资本市场是在经历了一次又一次的危机“大乱”以及其后的“大治”，才逐步成熟起来的。如美国经历了 1929 年的大危机之后，建立了美国证监会（SEC），并相继出台了《1933 年证券法》《1934 年证券交易法》《1940 年投资公司法》以及《1941 年投资顾问法》等，此后才出现了华尔街的繁荣和现代资本市场体系，持续数十年地推动着美国经济产业结构升级。

美国这次危机后，各方面都就如何改革金融监管提出方案，如美国政府于 2009 年 6 月 17 日公布了金融监管改革白皮书，拉开了美国 20 世纪 30 年代大萧条以来最大规模的金融监管改革的序幕。而我国作为全球最大的新兴市场，从发达资本市场既可借鉴成功经验，又可从这次危机中汲取教训，从而取得后发优势。

二、资本市场的改革创新可为地区经济发展提供新的机遇，注入新的活力

尽管我国资本市场取得了令人瞩目的成就，已成为全球最大的新兴市场，但我们也应看到，与发达市场相比，我国在发展阶段和发展模式方面存在较大差异。如美国市场高度发达，金融业自由化程度高，甚至出现金融创新过度、引发金融危机，而我国金融业还比较落后，资本市场不发达，直接融资比重低，资本市场具有很大的发展空间。在今后相当长一段时期内，创新发展仍是我国资本市场的主题。从最近一段时期看，有以下几项措施：

（一）加快推进多层次市场体系建设

加快创业板市场建设步伐，加强市场宣传和投资者服务，保障创业板顺利启动及平稳运行；完善中小企业板制度，支持中小企业利用资本市场融资，缓解融资难题；积极推动股票市场与债券市场协调发展，满足市场多元化的投融资需求。资本市场的多层次结构可以满足不同类型、不同阶段企业的筹资和发展需要，特别是创业板的推出可以为更多

创业企业提供资本市场平台，促进不同类型和不同成长阶段的企业在参与国内、国际经济竞争的过程中，形成各自的竞争优势。

（二）通过市场化手段推动上市公司做大做强

完善股东对上市公司的约束机制，进一步鼓励和规范上市公司现金分红，促使上市公司有效增加投资者回报；不断完善市场化优胜劣汰机制，建立健全上市公司有序退出机制；形成激励与约束相统一、收益与风险相协调的制度安排；鼓励按照市场化原则开展国内外并购活动，推动经济结构的调整和产业升级，推进上市公司提高国际竞争力，扩大我国经济的影响力。

（三）着力推进金融产品创新

加大产品创新力度，稳步推动证券公司、基金管理公司开展资产管理业务，完善产品创新机制。稳步推进期货新品种上市工作，强化期货市场服务实体经济的功能。逐步丰富和完善直接融资工具，提高市场整体运行效率。积极研究跨境产品制度安排，增强开放条件下我国资本市场的国际竞争力。

（四）推进我国风险投资和股权投资基金的发展

风险投资和股权投资基金主要投资于未上市企业，在寻求投资回报的同时，通过项目筛选、强化治理等市场化手段，改善公司的管理和运营，实现企业价值的创造和提升。因此，要为我国风险投资和股权投资基金营造规范发展的有利条件，使其成为企业发展过程中的重要一环，为资本市场培育优质的上市资源。

(五) 加强和改进市场监管

继续加强对国际金融危机的监测和预警，加强对资本跨境流动的监管，落实重大风险预警和应急处置机制，有效维护市场正常秩序。

三、地方政府可以在促进金融发展中发挥重要作用，实现资本市场和地区经济的共同发展

充分发挥资本市场功能，有效推进地区经济发展，是贯彻落实科学发展观、促进国民经济又好又快发展的必然要求。

第一，制定支持资本市场发展的长期规划，强化经济发展政策与资本市场功能的对接，提升资本市场对经济发展的贡献率。

第二，培育优质上市资源。抓住建设多层次资本市场体系的契机，做好协调服务工作，培育优质公司，以龙头企业发行上市，带动行业发展，推进产业结构优化升级，培育优势产业。

第三，鼓励上市公司做大做强。支持上市公司并购重组，积极推动重点产业、资源优势企业的并购重组，充分利用资本市场实现优化资源配置，实现产业布局调整，稳步推进上市公司做大做强。大力帮助和支持符合条件的企业做好再融资工作，优化融资结构，丰富融资渠道。

第四，加强证券期货经营机构风险防范工作，全面提升其金融服务水平、风险防控能力核心竞争力。

第五，加强对地区新闻媒体的管理，协助做好投资者教育工作。对涉及资本市场的新闻报道坚持正确的舆论导向，营造良好的舆论氛围。

昂贵的“泡沫”
——股市“泡沫”与市值、成本、收益的价值分析*

股市必然存在“泡沫”。衡量股市“泡沫”的大小，虽然至今仍没有一个科学的评价标准，但对“泡沫”的成本却是可以计量的。所谓的“泡沫”，就是较高的股价，而这些较高的股价，是用一定的金钱买来的。分析表明，我国股市存在的“泡沫”异常昂贵。进而可以大胆推断，股价上涨的主要原因是成本推动。如果这种趋势短期内难以改变，且供求状况大体不变，我国股市将在一定时期内保持较高股价和市盈率水平。

一、股市“泡沫”、流通市值与投资所得

股市的“泡沫”存在于股价之中，存在于流通市值之中。同时，流通市值也是投资者收益的重要源泉。

投资者投资所得等于流通市值加历年的现金分红。截至2001年11月底，上证综合指数为1747点，深证成份指数

* 本文完成时间2001年12月28日。

为 3534 点，我国股市流通市值为 15 210 亿元，历年现金分红约为 200 亿元左右。因此，自 1990 年沪深两个证券交易所建立以来，投资者累计投资所得约为 15 410 亿元。

二、投资成本、结算资金与投资资金

（一）投资成本

投资者为获得投资收益，支付的投资成本主要包括购买新发行股票所支付的资金，包括筹资额、为维持证券交易市场的存在和发展所必须支付的印花税和支付给证券公司的佣金。此外，还包括支付给交易所的交易费用等（这里忽略不计）。截至 2001 年 11 月，我国上市公司在境内市场共筹资 6 263 亿元；印花税累计 1 748 亿元；交易佣金约 1 748 亿元。总的投资成本为上述三项之和，为9 759亿元。

（二）证券交易结算资金

投资者为获得投资收益，除支付上述直接成本外，还包括一定数量的证券交易结算资金。这些资金相当于企业的流动资金，虽然最终不必用于支付，但为投资活动所必需。

据估计，一级市场用于新股申购的结算资金平均约为 2 000亿元，二级市场的结算资金约为 5 000 亿元（假定投资者持仓比率为 75%）。以上两者总计为 7 000 亿元。

（三）投资资金

证券投资者为获得投资收益，用于证券市场的投资资金总额，应包括上述两项之和，即 9 759 亿元 +5 000 亿元 = 16 759 亿元。当然，证券交易结算资金存储于投资账户之内，并没有支付出去。

三、投资总收益、一级市场收益与二级市场收益、机构投资者收益与个人投资者收益

（一）投资总收益

如不考虑投资者的时间成本及信息成本，证券市场所有投资者的总收益等于投资所得减去投资成本后的余额。即：

总收益 = 投资所得 − 投资成本

= 15 410 亿元 − 9 759 亿元

= 5 651 亿元

如果不考虑投资者的资金成本和结算资金的利息收益，总收益率等于总收益除以投资资金总量。即：

总收益率 = 总收益 ÷ 投资资金 × 100%

= 5 651 亿元 ÷ 16 759 亿元 × 100%

≈ 33.72%

（二）一级市场收益与二级市场收益

投资总收益是由一级市场投资者和二级市场投资者所共享。

一级市场收益：我国股票一级市场长期低价发行，因此，可假定新股上市后比发行平均上涨 50%（世界银行报告曾做过计算，A 股新股上市开盘价比发行价的平均涨幅：

1992 年 52 只新股为 1 246%，1993 年 50 只新股为 240%，1994 年 8 只新股为 128%；新股上市第 60 个交易日收盘价比发行价上涨分别为 1 072%、185% 和 94%）。据此推断，一级市场的投资收益应为上市公司筹资总额 ×50% =6 263 亿元 ×50% =3 131.5 亿元（这里未考虑非公开发行的内部职工股的收益，如果考虑，则一级市场收益更大一些）。

一级市场收益率：由于每年的一级市场新股发行情况和一级市场的新股申购资金数量均有很大差异，每年据经验估计，可得出当年的一级市场投资收益率（海通证券估计 2000 年一级市场新股申购的平均收益率超过 20%）。如果根据上述假定，一级市场结算资金平均为 2 000 亿元，则一级市场投资收益率约 160%。一级市场的丰厚利润，使一部分资金可能离开证券市场（见好就收），另一部分资金可能用于弥补二级市场的投资亏损，还有一部分资金可能转化为结算资金。

二级市场收益 = 投资总收益 - 一级市场投资收益，即：5 651 亿元 -3 131.5 亿元 =2 519.5 亿元。

二级市场投资收益率 = 投资收益 ÷ 二级市场投资资金（投资成本 + 结算资金）。而二级市场投资成本应等于上述的投资成本（包括上市公司筹资额 + 印花税 + 交易佣金）与一级市场投资收益之和，即为 9 759 亿元 + 3 131.5 亿元 =12 890.5 亿元。因此，在不考虑投资时间成本、资金成本和利息收益的情况下，二级市场投资收益率 =2 420 亿元 ÷（12 290 亿元 +5 000 亿元）×100% =2 420 ÷17 290 亿元 ×100% ≈14.0%。

如果考虑资金成本和期限因素，14.0% 的收益率大致相当于投资国债的收益率，或稍高于银行存款的收益率。

（三）机构投资者收益与个人投资者收益

二级市场收益由机构投资者和个人投资者所共享。

机构投资者收益包括：（1）证券投资基金累计投资收益约 300 亿元；（2）证券公司和信托公司自营累计收益约 700 亿元；（3）三类企业等其他社会法人投资收益约 400 亿元。以上总和为 1 400 亿元。

个人投资者收益为：2 420 亿元 − 1 400 亿元 = 1 020 亿元

机构投资者和个人投资者用于证券市场的投资资金分别为多少，较难估计。但对其投资收益率仍可大致作出估计：机构投资者收益率高于个人投资者收益率，个人投资者收益率大致等于银行存款收益率。

四、主要结论

我国证券市场发展成就巨大，举世瞩目。但如果仅从二级市场投资者的直接收益角度来看，在 11 年的时间跨度中，基本上是一个“零和博弈”。如果说我国股市存在“泡沫”，那也是很昂贵的“泡沫”。因为每一分钱的泡沫，大致都是二级市场投资者付钱买来的。加上庄股价格操纵、虚假信息披露导致的不公平交易大量存在，进一步加重了中小投资者盈利的困难程度。如果从多角度和综合指标来看，也显然形成了市场参与多方共赢：上市公司融得资本金，转变了经营机制；证券业获得了巨大发展，为十多万人提供了就业机会；政府获得了巨额印花税收入，国有企业改革和国有经济战略调整得以加快，金融体系更加健全；投资者中部分获得了高收益（尽管是其他人的亏损），大家都经受了市场风险的考验和锻炼，承担风险的能力显著增强，市场经济的投资文化得到普及。

注：本文涉及的主要假定与估计：

1. 上市公司历年现金分红累计为200亿元；
2. 证券交易佣金等于印花税为1 748亿元；
3. 一级市场用于新股申购的资金平均为2 000亿元；
4. 二级市场的证券交易结算资金目前为5 000亿元；
5. 新股上市交易价格比发行价平均上涨50%；
6. 基金投资分红和资产增值累计300亿元；
7. 证券公司等在二级市场投资收益累计700亿元；
8. 三类企业等在二级市场投资收益累计400亿元。

中国金融深化与资本市场发展战略*

大多数发展中国家的资本市场发展比较落后，其规模不大、体系不完善、功能发挥也很有限，这些国家要摆脱贫穷、落后状况，跻身于世界发达国家之列，就必须重视发挥资本市场动员本国储蓄、促进资源合理配置的功能，重视发展本国资本市场体系。一个国家所采取的资本市场发展战略，是取决于整个金融发展战略的。如在实行间接金融为主的金融发展战略的国家，证券市场的发展就不可能很快。迄今为止，在金融经济学中还没有专门研究资本市场发展战略的系统理论。因此，我们只能在与这一研究课题相关性较大的金融发展理论中来寻找有益的启示，以帮助我们对于中国家资本市场发展战略问题有一个较深刻和全面的认识。对于发展中国家如何通过发展包括资本市场在内的金融体系来促进本国经济的发展进行开创性研究的，当属美国金融经济学家爱德华·肖（E. S. Shaw）和罗纳德·I. 麦金农（R. I. Mckinnon）于20世纪70年代提出的金融深化理论与金融抑制理论。这两个理论的提出，对于日益受到世界各国高度重视的发展中国家发展问题，指出了通过金融发展来促

* 本文完成时间1997年，为“第九届太平洋盆地国家地区财政金融会议”获奖论文。

进经济发展全新的发展战略。受其影响，一些东南亚和拉丁美洲国家和地区进行了“金融深化”的改革，在这些国家或地区也逐渐形成了一个新兴的资本市场体系。笔者认为，金融深化理论应成为我国制定资本市场发展战略的重要参考。

一、金融深化理论与金融抑制理论

爱德华·肖和罗纳德·I. 麦金农，这两位美国斯坦福大学教授，在 1973 年分别出版了《经济发展中的金融深化》和《经济发展中的货币与资本》两本书。这两本著作首次对贫穷国家的传统经济发展战略提出了非常具有说服力的挑战，提出了令人耳目一新的利用金融发展来促进经济发展的发展战略，即现在被人们所熟知的金融深化战略。他们将贫穷国家所实行的金融发展战略称为金融抑制战略，并揭示了这一战略的形成原因、表现形式以及后果等。后来，麦金农又出版了《经济自由化的顺序——向市场经济过渡中的金融控制》一书，肖出版了《金融理论中的货币》（和约翰·C. 格利合作）一书，使金融深化理论更加完善。他们的杰出研究，使经济发展理论与货币金融理论这两股巨流交汇融合在一起，开创了金融发展理论的新时代。

这一新理论的研究对象是落后经济，或者说发展中国家经济。他们认为，贫穷国家的经济发展战略，历来重视获取外援、外国资本的流入以及工业化国家的隐蔽性补贴。但在某种情况下，这些形式的国际援助并不能解决受援国家的基本经济问题，而在另一种情况下，这些外援所起的作用实际上可能是有害的，能够令人信服的理由是这种经济发展战略的效果是不能令人满意的。他们认为，金融发展战略是决定于整个经济发展战略的，按照传统经济发展战略，发展中国家所采取的政策是抑制金融的发展，“不适当的财政金融政策和国际经济政策凌驾于市场机制之上，从而使市场参与者的收入和财富总水平停留在原有的水平上，这是落后经济陷入贫困境地的一部分原因。它们依靠计划手段、人为的管制、配给制、许可证和特权待遇，去追求资源分配和使用的最优化。”[①] 落后经济要摆脱贫穷落后状态，必须改变整个经济的发展战略，特别是改变金融抑制战略，实行金融深化战略。

爱德华·肖和麦金农都高度重视金融市场在经济发展中的作用。肖强调金融市场促使发展中国家经济的增长步伐变得更加迅速和稳定的功能，强调金融深化过程中金融资产比非金融财富更快地增长。麦金农则指出，金融市场的彻底自由化和对外贸易限制的废除，会促使经济更迅速地增长。

他们两人对于货币的看法是很一致的，即共同重视货币的中介功能[②]，提出了货币中介理论，并将货币中介观作为金融深化理论的立论基础。金融深化理论认为，导致金融抑制的某些政策的制定，是源于对货币财富观的曲解。因此，他们提出货币中介观。“对单个货币持有者来说，实际货币余额就是财富。财富观认为，实际货币余额对整个社会来说，也是财富。按照财富观的观点，实际货币余额（本质上）是无成本服务的根源，它直接代表各种财富：铜和石油蕴藏之类的自然资源；人力资本；工厂生产出的真实资

① 参见爱德华·肖著，邵伏军、许晓明、宁先平译：《经济发展中的金融深化》“前言”，上海三联出版社 1988 年版。

② 这种假定与马克思主义理论中对于货币的看法也是一致的。马克思在《资本论》中详细阐述货币的 5 种职能，即价值尺度、流通手段、贮藏手段、支付手段和世界货币的职能。侧重货币的贮藏和世界货币职能的观点形成货币的财富观，侧重货币流通手段、价值尺度和支付手段职能的观点形成货币的中介观。

本、纺织机和船舶等等。”[①] 与货币的财富观相反，中介观将货币不是当作财富，而是当作货币体系的债务。这样，货币余额的增加，就不是对物质资本的增加，或者是我们所说的与资本形成是替代关系而不是互补关系。正如克米特·戈登所说，麦金农的分析“引导出了对现有货币理论的批评，形成了关于发展中国家货币和实质资本之间关系的一种新观点。他发现货币金融政策对发展中国家资本市场发展所产生的影响，要远远大于一般所想像的，但这些国家的政府却经常实行抑制储蓄和投资动力的政策。”[②]

金融深化理论的影响是深远的。自这一理论提出之后，许多拉美和亚洲国家都在不同程度上实施了金融深化战略，如阿根廷、韩国、马来西亚等国家，显然实施的效果大多数比较好，但也有一些不甚理想。但世界各国似乎都取得了这样的共识，即所有的发展中国家都在沿着金融深化的道路来发展本国金融体系。[③]

金融深化理论和金融抑制理论在一定程度上是不可分的，金融抑制是发展中国家按照传统的经济发展战略所产生的一种必然结果，金融深化则是通过发展金融来促进整个经济的发展，是用来代替金融抑制而被设计出来的。

---

① ［美］爱德华·肖著，邵伏军、许晓明、宁选平译：《经济发展中的金融深化》“序言”，上海三联出版社 1988 年版，第 17 页。

② ［美］罗纳德·I. 麦金农著，卢聪译：《经济发展中的货币与资本》“序言”，上海三联出版社 1988 年版。

③ 1992 年 10 月 12 日 ~16 日，中国人民银行在北京主办了第十届环太平洋银行会议，会议的主题就是“环太平洋地区各国经济中的金融深化和经济增长”。该地区的大多数国家或行政区域都分别介绍了本国或本地区的金融深化及其对经济的促进作用（参见杨文有、张凤鸣编：《亚太地区金融深化与经济增长》，中国金融出版社 1993 年出版）。

二、从金融抑制战略转向金融深化战略

金融深化战略的提出，是源于对金融抑制战略实行变革的需要。因此，有必要首先对金融抑制战略略加分析。金融抑制战略是发展中国家所实行的传统经济发展战略的一个典型代表，也是这个经济发展战略的重要组成部分。实行这种战略的经济中，相当落后的金融业呈现出许多特征，包括长期地明显保持实际利率为负值，使储蓄变得很廉价，从而不得不普遍实施非市场交易的信贷资金的计划指令配给；高估本币的价值，造成对外汇的过度需求，因而必须实行配给，在外汇的配给中，一般先满足资本设备的需要，一旦设备安装以后，再去购买备件和零件及生产用料；对商业银行规定高法定存款准备金比率；这种发展战略产生了双重的劳动力市场，劳动力中相当少的一部分被资本密集型行业所雇用，这种行业得到了低利率、低汇率和廉价国内投入的好处；另外一部分农村劳动力则流入城市，从而加重了城市的失业程度等等。总之，这种发展战略为使经济从比较低的收入和消费水平中解脱出来，实现结构的转换，而使用一系列相对的低价格控制政策——这些受到控制的低价格包括储蓄、外汇、基本材料、劳动力和公用事业的相对价格，并通过配给来消除这些低价格下出现的过度需求，但效果却适得其反，例如对储蓄的过度需求，减少了国际收支账户中的资本项目，使得这个项目不得不寻找高成本的短期信贷或其他高成本的国际融资方式。[①] 造成金融抑制的原因是多方面的，但

① ［美］爱德华·肖著，邵伏军、许晓明、宁选平译：《经济发展中的金融深化》“前言”，上海三联出版社 1988 年版。

很少有哪个国家自觉地、有意地采用金融抑制战略。更确切地说，是某些旨在鼓励投资而不是妨碍投资的政策，导致了对金融系统施加的限制。但在一些国家，使用固定名义价格和采取配给手段在一些市场上实行干预战略，似乎是有意这样选择的。还有一些国家实行这种战略，也许是殖民时期这种或那种经历的反映的结果。而社会各阶层的利益也影响着发展战略的选择。在社会主义国家，实行金融抑制，主要是因为传统计划经济中，金融市场本身就基本上不存在，中央计划成为一切资源配置的基本方式，在这种经济中，金融发展当然是被抑制的。

肖还特别地分析了推行金融抑制战略的四种理由：一是传统地对高利贷的憎恶，以致不愿提高实际利率；二是对名义货币增长率和物价变化率还不能进行有效的控制；三是许多用于制定经济发展政策的总体经济模型忽视了或者误解了金融的作用；四是实证分析表明，实际金融增长带来的好处并不能抵消其代价，解决资本短缺的其他方法可能更加有效。① 总而言之，导致金融抑制的背景因素基本上是相似的，它们是资本的短缺，过低的利率，对投资者必须进行以牺牲某些储蓄者的利益为代价的补贴，以及对储蓄—投资过程能够实行成功的直接控制的自信等等。

发展中国家要摆脱贫穷，就应改变这种金融抑制战略，实行金融深化战略，把金融业的发展放在首位，逐步在全国形成统一的资本市场，通过资本市场的发展，来促进整个经济的发展。金融深化战略的实质，就是通过发展金融业来促进整个国民经济的发展。在政府放弃对金融体系和资本市场的过多干预、允许市场机制特别是利率机制自由运行的前提条件下，一方面，健全的金融体系和活跃的资本市场能有效

① ［美］爱德华·肖著，邵伏军、许晓明、宁选平译：《经济发展中的金融深化》“前言”，上海三联出版社 1988 年版。

地动员社会闲散资金向生产性投资转化，并引导资金流向高效益的部门和地区；另一方面，经济的蓬勃发展，通过增加国民收入和提高各经济单位对金融服务的需求，以刺激金融业的扩展，由此形成金融—经济发展相互促进的良性循环，以克服金融抑制的弊病，使经济发展摆脱传统的发展战略的束缚。

在肖看来，金融深化战略的目标主要有以下八个方面：(1) 推进金融自由化，提高国内私人储蓄对收入的比率，即储蓄倾向；(2) 使政府部门的储蓄趋于增长；(3) 在一定程度上，使得动员和分配储蓄的融资活动有可能取代财政活动、通货膨胀和国外的援助；(4) 通过金融市场——各种资产投资机会在其中争夺储蓄流量——的扩大化和多样化，开辟优化储蓄分配的道路；(5) 在广义的资本市场上，利率这种价格可用来甄别各种投资选择，资本市场资产价格往往是新投资企业和技术创新投资项目未来收益的折现；(6) 落后经济中的失业在某种程度上是金融抑制的结果，而金融深化则有利于解决失业问题；(7) 促进收入分配的平等，这是因为，在落后经济中，劳动力对廉价的资本的替代弹性很高，提高资本资产的价格有利于劳动密集型产业的发展，从而使更多的国民收入被分配给劳动力要素；(8) 促进就业和产出的稳定增长，从而摆脱经济徘徊的局面。①

推行金融深化战略将有利于本国经济的发展，这是因为金融深化的各种措施有助于增加城乡居民和政府的储蓄以及国际资本的流入，有助于来自储蓄资产方面的投资以代替财政、通货膨胀和国外援助的收入，也有助于在资本市场上促使储蓄者和投资者展开竞争，优化储蓄资产的分配和使用，从而有助于增加劳动力就业，有助于收入的增加和分配的平

① ［美］爱德华·肖著，邵伏军、许晓明、宁选平译：《经济发展中的金融深化》“前言”，上海三联出版社 1988 年版。

等，也有助于经济的稳定增长。肖把这些金融深化的作用分别称为金融深化的储蓄资产效应、投资效应、就业效应和收入效应。

三、金融深化战略对发展资本市场的几点政策建议

麦金农和肖认为，西方发达国家的金融深化程度很高，但他们的金融理论和资本市场发展政策都不完全适用于发展中国家实行金融深化战略，原因在于西方的金融理论和政策主张都是建立在一些必要的条件之上的，而这些条件在发展中国家往往不具备，因此，大大削弱了其适用性。这种差异在投资理论和政策上表现得尤为突出。发达国家的投资理论和政策是建立在下述条件之上的：第一，有健全的市场机制并能正常运行，资本市场极为发达和完善。“它用单一的实际利率拉平所有的实物资本的金融资产（除货币外）的收益”,[①] 使各种资产收益率趋于平均化。第二，投资具有不变的规模报酬，即投资不论其规模大小，均有收益，所有企业都可利用相同的技术，都面向生产要素和商品市场上的同一价格，因此，技术革新和投资是可以分割和渐进的，投入和产出也是完全可分的。第三，投资主要依赖外源型融资，即依靠金融机构放款或在资本市场发行证券来筹集所需资本，存在着一个为资本积累服务的、完善的实物资本市场和有价证券市场。货币对资本积累本身没有直接作用，货币和

① ［美］爱德华·肖著，邵伏军、许晓明、宁选平译：《经济发展中的金融深化》“前言”，上海三联出版社 1988 年版。

实物资本都是资产或财富的组成部分。投资不是依靠货币的储蓄来实现，而是依赖外源型融资方式来筹集资金的。

发展中国家不具备上述条件。发展中国家普遍是市场机制不完善，资本市场发展落后，经济处于割裂状态，实物资本与金融资产的收益率差异很大。因此，人们在选择金融资产时，往往将货币（一般可理解为M2）作为最主要的保值形式。而且，在进行实物投资时，必须具备一定的规模，这有两方面的原因：一方面是因为发展中国家基础设施薄弱，项目投资的外部环境不佳，除主项目外，还要负担相当的配套设施，提高了投资收益的规模起点；另一方面，在分割的经济中，技术革新和投资具有不可分割性，只能是间断地通过一定量的资本投资来进行。由此可见，发展中国家的投资，必须达到一定量的资本积累，才能进行跳跃式的投资，但受到抑制的金融体制中资本市场发展非常落后，使企业难以采用外源型融资方式，只能靠自己进行内源融资来获得投资资金。而这种内源融资中资金的积累，一般不采用成本高、损耗大的实物形式进行，而是采用具有一定收益率的货币形式来进行。因此，一定时期、一定数量的货币积累是进行固定资产投资的先决条件。①

在这种情况下，西方的投资理论显然不再适用了。金融深化理论认为，在发展中国家，货币与实物资本投资（固定资产投资）在很大程度上是互补的关系，而不是像发达国家那样是互相替代的关系，因而，可以在不太发达的资本市场中，可以通过提高货币资产的实际收益率（利率）来促进对实物资本投资的增加。但是，提高货币的实际收益率必须有一个限度，即必须低于实物资本的收益率，只有在这个范围内，货币与实物资本投资之间才具有互补效应关系。一旦货币的实际收益率超过实物资本的收益率，人们就愿意

① 周延军编著：《西方金融理论》，中信出版社1994年版。

持有货币，而不愿意进行投资，不愿意把具有相同收益率的货币资产转化为实物资本资产，货币的替代效应发挥作用，货币同实物投资之间互相竞争或替代，投资随着货币持有量的增加而递减。在内源融资型投资的经济中，必须保持一个适当的实际货币收益率（利率），这正是货币政策的主要任务之所在。在发展中国家，投资资金主要依靠内源型融资，资本市场发展是很落后的。为了促进对于实物资本的投资，而保持一定的作为主要金融资产形式的货币资产的实际收益率，这实际上会促进落后的资本市场体系的发展，因为这也会鼓励对于货币以外的其他金融资产的投资。为此，金融深化战略对发展中国家资本市场的发展提供以下具体政策建议：

（一）政府取消对存贷款利率的硬性规定，鼓励银行信贷市场的发展

允许利率随市场资金供求关系的变化而自由浮动，如实反映资金的稀缺程度。在发展中国家，由于资本缺乏，投资机会很多且收益率高，适当提高利率不但不会抑制投资，而且还会吸引人们进行货币积累、促进资本形成。同时，相应上升的贷款利率对于提高资金的使用效率、改善投资结构（例如将资本密集型投资转向劳动密集型投资）具有积极的作用。

（二）政府减少对金融业的干预，鼓励证券市场的发展

允许非国有、非银行金融机构的存在和发展，以促进本国资本市场的形成和发展。放宽对金融市场的管理和限制，鼓励各类金融机构、企业和居民积极参与金融市场活动，逐

步扩大外源型融资比例，克服投资障碍，使更多的社会闲置资金用于生产性投资。

（三）政府应放弃以通货膨胀刺激经济的做法

金融深化理论认为，经济增长与金融状况是有密切关系的。金融抑制阻碍了经济的增长，如果再放任通货膨胀的继续，就会加重金融抑制和经济停滞的恶性循环。因此，政府在进行金融深化以促进经济增长的同时，要力求稳定通货、平抑物价，为信贷市场有效地吸收存款和发放贷款创造条件。这样，在通货稳定的条件下，实际金融深化战略就可以促使投资扩大、收入提高、储蓄增加，而收入增加后对储蓄又有进一步的推动作用，出现一种通过经济增长而带来的“增长红利”，形成金融市场发展与经济增长相互促进的良性循环。

（四）着力于本国资本供给的培养，减少对外国资金的依赖

金融深化理论认为，经济发展的优先策略是直接放松国内金融和对外贸易，依靠本国的资金力量来发展经济，而不是利用外资消除长期资金紧张的“瓶颈”。因为发展中国家内部具有可观的资金潜力，应该而且完全可以通过金融深化求得资金上的“自助”，避免过分长期地依赖外国资金。这还需要有促进贸易自由化、改革税制和改善政府支出等政策的配合，以更好地开拓国内资本资源的供给，促进经济的发展。

四、中国的金融深化与资本市场发展战略

一个国家的金融是被“抑制”还是被“深化”，既取决于该国经济发展水平，又取决于该国整个经济体制的性质。资本市场发展战略在被抑制的金融市场体系和在被深化的金融市场体系中也是完全不一样的。金融深化理论所分析的对象主要是实行资本主义制度的发展中国家，所提出的资本市场发展战略，也主要是针对这些国家的。那么，它对于实行社会主义制度的我国，是否适用呢？我们以为，在我国传统的计划经济中的金融状况与金融抑制的特征是一致的，而在以建立社会主义市场经济体制为目标的改革开放以后，所采取的一系列措施又是与金融深化的一些重要特征相一致的。因此，金融深化战略以及据其得出的关于发展中国家资本市场发展的政策建议，对于分析和确定我国资本市场发展战略有重要的启示。

金融活动是商品生产和商品交易发展到一定程度的产物，特定的金融制度是建立在特定的经济制度基础之上的。中国作为发展中国家，在改革开放以前长期实行传统计划经济，这种计划经济是排斥商品生产和商品交换的，因而，缺乏金融体系大力发展的经济制度基础，我们可以认为金融活动是被抑制的。在改革开放后，随着商品生产和商品交换的不断发展，对传统的相当落后的金融体系进行了多方面的改革，主要是减少了国家对金融活动的过分干预，在金融领域引入市场机制，逐步扩大企业融资的自主权，建立中央银行和商业银行制度，发展了证券公司、信托投资公司等各种非银行金融机构，发展金融市场体系并使这为整个国民经济增长提供更多的融资支持，因而金融是被深化的。

我国在传统计划经济中的金融抑制，有两个显著的特征：一是高度垄断的银行信贷体系，二是缺乏长期资金交易的资本市场。从建国初期到改革开放以前，中国人民银行在我国金融业务中基本上是一统天下，集各种金融业务于一身，既具有国家中央银行的职能，又直接对工商企业发放贷款和办理储蓄存款业务；既是国家金融管理机关，又是经营货币信贷业务的特殊企业。其他银行虽然在一定时期中存在过，但都是几起几落，没有成为独立的经济实体。在这种金融制度下，对于银行信贷资金的运用范围也作了严格的规定，如企业在生产过程中临时周转性的资金需要由银行信贷资金供应，而固定资产投资、企业长期占有性资金以及非生产领域的资金需要，则由国家财政供给。这就是说，银行信贷资金只能用于企业流动资金，而且仅限于满足企业生产过程中的定额流动资金的需要。这在实质上等于把银行信贷资金长期排斥在固定资产投资和非直接生产领域资金需要的范围之外，这样也消除了资本市场存在与发展的先决条件。这种受抑制的金融体制被局限在狭小的范围内活动并受到来自各方的强有力的行政干预，难以适应不断提高的生产力水平发展的需要，不易对经济发展起到良好的促进作用，总的衡量是弊大于利。

改革开放以后我国的金融深化，主要表现为我国经济中的货币化程度得到很大提高，包括资本市场和货币市场在内的整个金融市场体系得到巨大发展。金融深化的衡量标准有很多，但最为主要的有：利率是否为正或接近为正、货币体系是否具备一定规模、汇率是否高估以及有关的金融资产存量与流量指标等。在这里，我们仅通过金融相关比率的变化，来考察我国金融深化的特点。金融深化最为直接的表现就是一国货币体系的显著增长，而一定规模的货币体系也是资本市场发展的重要条件，因为在资本市场进行交易的首先是货币形式的资本，没有一定规模的货币体系，就不能对货币资本创造一个较大的蓄水池，不能及时、灵活地调节资本资源的供给与需求。用来衡量货币体系增长的金融相关比率，至少有两种计算方法：第一种是用某一时点上金融资产存量与实物资产存量之比来表示；第二种是用广义货币供应量 M2 与国民生产总值之比来表示。第一种金融相关比率的计算方法，是由美国著名经济学家 W. 戈德史密斯所研究出来并加以运用的，[①] 他对世界各国经济发展的历史过程进行实证分析表明，这种金融相关比率随着金融产业发达程度的提高和经济发展水平的上升而呈现出上升的趋势，作为经济发展过程中衡量金融产业发达程度和相对变化趋势的最基本的指标，也可以用来衡量金融深化的程度。这种金融相关比率，虽然会随着金融产业的发展和整个经济的发展而呈上升趋势，但这种上升的趋势并非是无止境的，W. 戈德史密斯的研究表明，这一比率达到 11% ~150% 之间的水平会保持相对稳定。我国的这一比率在 1980 年时约为 30%，而到 1990 年时已达到 60% 以上。这一方面说明我国金融产业有了较大的发展，另一方面也说明金融产业的发展和金融资产数量的增长仍有很大的空间。[②] 第二种金融相关比率的计算方法是用广义货币发行量与国民生产总值之比来表示。广义货币概念（M2）包括市场货币流通量或现金、单位的活期存款和定期存款、居民的活期和定期储蓄存款，它在这里具有三个方面的意义：一是反映了一定时期社会使用的货币总量，二是反映了一定时期社会所具有的货币购买力总量，三是反映了一定时期社会以货币形式所拥的金融资产数量。金融相关比率的提高，说明金融规模或货币体系在整个经济中的发展程度，也说明金融体系对于经济发展的促进作用。世

① ［美］雷蒙德·W. 戈德史密斯著，周朔等译：《金融结构与金融发展》，上海三联书店、上海人民出版社 1994 年版。

② 孙尚清、程秀生、张军扩："金融资产总量增长与结构变动的实证分析"，《管理世界》1993 年第 4 期。

界各国金融发展（尤其是日本和原联邦德国）历史表明，一个相当发达的货币体系对促进经济的迅速增长，具有很重要的意义。特别是对于发展中国家来说，由于货币的增长与实物资本的投资之间存在着互补的关系，利率的这种投资效应在发展中国家由银行体系居支配地位的金融市场中意义更大。通过银行体系进行间接融资，是我国金融活动的主要形式（这一特征将在相当长的一段时期内不会改变。这一特征与第二次世界大战后的日本和联邦德国有相似之处）。因此，金融相关比率的增长变化也可以用来证明我国金融深化的趋势。自 1978 年以后，我国开始以市场为取向的改革，经济货币化程度不断提高，货币体系规模逐渐扩大。金融相关比率从 1978 年的 29.8% 增长到 1995 年的 84.4%，其中 1992 年曾达到 100% 以上。但从 1993 年以后，我国金融相关比率却有所下降，这与我国实行紧缩的货币政策、整顿金融秩序有很大的关系。总的来讲，我国货币规模的显著增长为我国资本市场的发展提供了巨额的资本供给，使得我国资本市场得以快速发展。

在金融深化的背景下，我国资本市场应实行深化的发展战略。资本市场发展战略，也同其他任何形式的经济发展战略一样，从根本上取决于整个经济体制的性质。在传统计划经济中，由于对资本资源实行计划配置，具体通过国家的财政投资计划进行无偿配给，因此，资本市场乃至整个金融市场基本上是不存在的，或者说是被“抑制”的。而在社会主义市场经济中，资本资源的配给是有偿的，是由资金的供给者和需求者在资本市场中进行讨价还价进行平等交易的方式来进行的。资金的价格逐渐反映出资金的稀缺程度，使其接近于它的均衡价格。同时，为融资服务的各种金融中介机构在市场经济中也会迅速发展，整个金融是被“深化”的。从总的方面来讲，资本市场在计划经济中实行的是抑制战略，或者说资本市场在这种经济体制中基本上是不存在的，而在进行市场取向的改革和市场经济的发展中，资本市场发展实行的是深化的战略。党的十四大报告指出，我国经济体制改革的目标是建立社会主义市场经济体制。与这种提法相适应，资本市场发展的深化战略可以被解释为：使资本市场的发展与中国的社会主义市场经济体制的发展相适应。资本市场发展的战略目标是要使资本市场在国家的宏观调控下对资本资源配置起基础性作用。

五、资本市场发展战略：从资本需求控制转向资本供给培养

中国资本市场发展战略的基本思想是通过对资本的供给（证券投资）与资本需求（证券发行）实行有效控制，来保证资本市场在国家控制下稳定发展，政府也通过对资本的供给与需求的有效控制，来实现对固定资产的控制以调节整个经济的运行。但资本需求控制存在很多弊病，越来越不适应我国资本市场的发展状况，因而有必要向资本供给培养战略转变。

在实施资本市场深化发展战略过程中，在不同的阶段，抑制程度和深化程度也是不同的。根据资本市场在发展中呈现的一些显著特征，我们将资本市场的深化过程至少可以划分为三个阶段：第一个阶段是刚从金融抑制战略中开始转变，因而资本市场明显地呈现“初级阶段”的特征，即金融资产的负利率比较严重，额度管理制度仍是资本资源配置的主要方式；第二阶段中，资本市场呈现金融抑制向金融深化的明显的过渡状态，这时，金融资产的实际收益接近为正值，各种类型的额度管理尽管还存在，但作用也许已经不是

很大，这时资本市场发展的主要任务是扩大投资者的购买力；第三阶段的特征是资本市场的发展已基本上与市场经济的发展相适应，基本由市场来配置资本资源。

与这三个阶段相适应，资本市场发展的深化战略在这三个阶段中的政策和措施也是不同的。资本市场发展的最显著的特征是金融工具的总量增长与结构变动。我们将深化战略至少可以区分为三个分战略：对金融工具的供给控制战略，对金融工具的需求培养战略，以及以金融工具的供给和需求的协调发展战略。对金融工具的供给，也就是对长期资金的需求，因此，金融工具供给控制战略又可以称为资本需求控制战略。同样的理由，金融工具需求培养战略又可称为资本供给培养战略。

目前，我国资本市场仍然处于第一个阶段，从发展战略来看，我国目前采用的发展战略仍是资本需求控制战略。资本市场发展战略转变的重点在于从资本需求控制战略向资本供给培育战略的转变。

目前，信贷计划额度控制与证券发行额度控制仍是我国资本市场中资本需求控制的基本手段。而这种资本需求控制的基础则是资本资产的价格控制，即将其价格控制在较低的水平。如果资本资产的价格是市场均衡价格，那么，对于需求的控制就没有意义了。资本资产的低价格制度条件下会产生过度需求，在供给量一定的情况下，为求得资金资源分配的顺利进行，就必须借助于数量配给或需求量的计划控制来进行分配。

资本需求的额度控制，是我国在从计划经济转向市场经济过程中发展资本市场的必经之路。在计划价格体系中，资本资源的价格（首先是利率）也包括在内，也是实行计划利率。其最大的特点是低于市场均衡利率，这与发展中国家的金融抑制的情形极其相似。由于储蓄稀缺，贷款就要逐项配给，并易于产生盲目发展资本密集型产业。一个丧失了边际相对价格变动灵活性的经济，必定要求助于人为的政府计划干预政策去平衡市场，但行政机构并不比市场做得更好，并且，还要为之付出高昂的低效率和贪污腐化的代价。资本市场的发展，就是用市场交易去代替政府计划，但这是一个相当长的过程，在资本市场发展初期，对于资本资源配置的计划控制手段，仍然发挥着重要的、基本的作用。

在我国资源约束型经济的发展中，对于资本的需求是很大的，但对于资本需求的控制，使得信贷计划额度和证券发行额度成为一种“稀缺”的资源，各企业为争取这一“稀缺”资源而投入很大的人力和物力，去进行各种“公关”活动，这在一定程度上也是导致金融秩序“混乱”的原因。

这种对于资本资源需求的额度控制具有以下几方面的缺点：（1）不利于资本资源的有效配置。在低价格体系中，资本资源的价格并不反映其稀缺程度，因而并没有产出效率保证的企业也会产生对资本资源的过度需求，而这种需求会千方百计地通过各种手段来得到满足，同时，更有盈利潜力的项目往往得不到资金。实际上，我国在经济高速增长过程中，具有高利润潜力的项目是很多的，特别是一些中小项目，但这些项目往往得不到银行信贷资金，因为廉价的银行信贷资金往往按照信贷计划贷给国有企业，而国有企业对于信贷资金的使用效率并不高。因而，这些项目往往会是国外投资的热点。我国大量吸引外资，弥补国内建设资金的不足，这当然是经济发展所必需的，但利用外资是要付出代价的，是有利用成本的。（2）不利于各地区之间经济的平衡发展。按照信贷额度计划来分配有限的信贷资金，很难做到按照经济的发展需要来分配，往往不适合整个国民经济的均衡发展。因为，各个地区在不同的时期对于资本的需求程度都有很大的差别，制定计划的管理机构很难了解到有关这些需求的详细信息，在这种情况下分配额度，与真正的经济发展需要之间往往出现相当大的差别，真正需要资金的地方或部门经常得不到资金，而拥有资金的地方或部门则不一定真正需要资金。没有得到资金的部门，就在国家所控制的资本市场体系以外寻求资金，这就形成不规范的场外交易市场，以便资本资源在各地区之间得以互相调剂余缺，导致金融秩序的混乱，如1993年的房地产热中大量的资金从内地涌向南方就是例证。按照证券发行额度分配资金需求，也导致投资者需要的证券可能会得不到发行额度，而获得发行额度的企业可能并不是投资者所最想要投资的企业。(3)资本资源配给额度成为一种变相的“稀缺”资源，人们为获取资本追逐这种“稀缺”资源，为此将耗费大量的成本，增大了资本需求者的成本支出，从整个社会来看，则增加了资本资源的交易费用，降低了资本市场效率。

要克服资本需求控制给资本市场发展及资本资源配置所带来的弊病，关键是要改变资本市场发展战略，实行资本市场发展的资本供给培养战略，采取一系列措施来提高对资本供给的积极性或金融工具的需求，如减少政府干预，放松资本资产的价格管制；对银行信贷资金，逐步实现利率的市场化，加快商业银行建设的步伐；对证券发行，逐步过渡到由企业和交易所共同根据市场的状况来决定证券的发行规模；政府则主要致力于市场发展战略的制定和落实，致力于市场发展的监管，致力于投资者利益的保护和投资资金供给的培养。在实行资本市场发展中的资本供给培养战略过程中，重点在于增强投资者信心、推广投资者经验、培养机构投资者等。

增强投资者信心可以通过许多渠道来进行。首先，发行证券的公司要定期公布其财务状况，并保证其具有完全的有用性和可靠性；其次，金融中介机构也要有能力对公司信息进行分析，并将分析结果用通俗易懂的语言加以表述，以吸引更多的投资者参与投资；最后，由股票交易所、证券公司、金融机构和交易协会对公众投资者进行证券市场运行方面的知识教育，这些活动可以通过新闻媒介的广告宣传、举力研讨班、开设有关课程和其他活动来进行，国家证券监管部门应该鼓励这些教育活动。此外，监管部门要减少对市场的控制和对监管权力的滥用，提高监管效率；证券经纪人要保证为客户提供分析上市公司财务状况的咨询服务，并对客户负责。

有效的投资经验是增加资本供给或证券需求的一个重要的因素，通过投资宣传、朋友或亲戚的成功的投资经验的传播，更能吸引新的投资者。相反，关于投资失败的传言，则是不利的。因此，在证券市场发展初期，往往只允许把盈利潜力强、管理水平高的企业的股票销售给投资者。公众对这些企业投资的信心比新建的企业高。

退休基金、保险公司和共同基金等机构投资者，在促进储蓄和资本形成中具有重要的地位。投资信托和共同基金有很多优势，特别对中、小投资者来说，具有分散风险、专家管理和专业投资服务的优势。发展中外合资基金，吸引外资投资对增加证券需求和鼓励投资有着特殊的意义。

参考文献：

1. 王国刚："中国资本市场若干问题的理论思考"，《财贸经济》1996年第4期。

2. 牛仁亮："中国证券市场的宏观定位"，《中国证券报》1995年12月27日第5版。

3. 刘光第："关于发展中国证券市场的几个问题"，《金融理论与实践》（郑州），1994年第8期。

4. 何国前："发达资本市场基本特征初探——兼论中国资本市场发展方略"，《经济学家》1994年第4期。

5. 房汉廷著：《现代资本市场的理论与实证分析》，东方出版社1995年版。

6. 赵海宽著：《中国金融业的大变革》，河南人民出版社 1993 年版。

7. 曹凤岐、姚长辉主编：《中国证券市场走势》，经济日报出版社 1994 年版。

8. 曹尔阶著：《中国证券市场研究与展望》，中国财政经济出版社 1994 年版。

9. 董辅礽著：《改革与发展——论大转变中的中国经济》，华南经济新闻（香港）1995 年版。

10. 董辅礽著：《经济体制改革研究》（上、下卷），经济科学出版社 1994 年版。

11. ［美］约翰·G. 格利、爱德华·S. 肖著，贝多广译：《金融理论中的货币》，上海三联出版社、上海人民出版社 1994 年版。

12. ［美］罗纳德·I. 麦金农著，卢聪译：《经济发展中的货币与资本》，上海三联出版社 1988 年版。

13. ［美］罗纳德·I. 麦金农著，李若谷、吴红卫译：《经济自由化的顺序——向市场经济过渡中的金融控制》，中国金融出版社 1993 年版。

14. ［美］爱德华·肖著，邵伏军、许晓明、宁先平译：《经济发展中的金融深化》，上海三联出版社 1988 年版。

15. Capital Markets and Development：a sequoia seminar (1991)，Calif，ICS Press.

16. Cox，J. D. (1991)，Securities Regulation：Cases and Materials，Boston：Little，Brown and Co.

17. Dougall H. E. and Gaumnitz J. E. (1980)，Capital Markets and institutipns，New Jersey：Prentice Hall.

18. Jadhav，R. K. and Lb and M，Phil (1991)，DEVELOMPENT OF CAPITAL MARKETS IN INDIA，BOMBAY：Litho Arts.

19. Jenkns j. (1991), Capital Markets and Development: Essential and Irrelevent, Capital Markets and Development, California: ICS Press.

20. Modigliani, F. and Fabozz F. J. (1991), Capital Markets: Institutions and Instruments, New Jersey: Prentice Hall.

21. The World Bank (1995), China: The Emerging Capital Market, Report No. 14501 – CHA (Volumes 2), Hovember 3.

22. Welch J. H. (1993), Capital Markets in the Development Process, London: The Macmillan Press LTD.

中国资本市场的功能分析*

在现代市场经济中，资本市场是配置资本资源的基本途径，是市场体系最主要的组成部分之一。对资本市场进行的研究，是现代市场经济理论研究的一个重要方面，并成为市场经济理论的主要组成部分之一。在我国，具有现代意义的资本市场是在改革开放以后发展起来的；作为其典型形式的证券交易所市场，在我国的发展也只有约6年的时间。资本市场理论的发展尚处于初步阶段，许多问题有待深入研究。本文在分析资本市场定义和基本功能的基础上，分析中国资本市场的扩展功能，以说明我国加快发展资本市场的重要性。

一、资本市场的定义

资本市场是指一年以上的中长期资金交易关系的总和。资本市场是金融市场的重要组成部分，其主要作用是提供一种将资金从资金剩余者（储蓄者）手中转移到资金不足者

* 本文写于1997年，为“第九届太平洋盆地国家地区财政金融会议”获奖论文。

（投资者）手中的转移机制。在现代社会中，货币化程度比较高，储蓄向投资转化主要是以货币资本的形式来进行，实物储蓄（如农业中的自留种子）所占比例较小。因而，资本市场主要研究的就是货币资本向投资的转化。在金融市场进行的资金交易，一般都借助于发行一定的金融工具来进行，即需要资金的单位或部门发行金融工具，而提供资金的单位或部门则购买金融工具，这样就达到了交换货币资本的目的。

资本市场是在商品生产和商品交换的基础上发展起来的。在商品市场充分发达的基础上，作为生产要素的资本也要求进入市场"互通有无"，要求通过市场交易来达到在运转中增值的目的。在发达市场经济国家，资本市场的发展已有200余年的历史，但规模庞大、体系完善、功能深化、机制健全、运作规范的现代资本市场，是在20世纪以来特别是第二次世界大战以后才发展起来的。

由于资本市场在发展中国家和发达国家中的发展程度不一致，所以，经济学家在应用这一概念时，赋予其不同的含义，很多专家、学者一般将资本市场等同于证券市场，这是因为证券市场是现代市场经济中资本市场最核心的部分；也有一些专家、学者把所有资本品都纳入资本市场的研究范畴；有的学者则是在很窄的范畴内讨论资本市场的发展，把资本市场等同于债券市场。而另一些研究发展中国家的文献则将银行信贷市场也包括在资本市场之中。尽管不同的学者对资本市场的内涵有不同的定义与论述，但从总的方面来讲，股票市场与债券市场是资本市场的主体部分，它们均是长期资金交易的主体形式。

在现代市场经济中，资本市场占据重要的地位，成为经济运行的枢纽。资本市场的发达程度，已成为一个国家市场经济体制完善程度和经济发展水平的重要标志。在发达市场经济国家，一旦离开资本市场，政府和企业重要的资金源泉就会枯竭，就会陷入难以运转的境地。在发展中国家，可以不需要资本市场而能在一段时期内实现经济的高速增长，但持续稳定、集约型的经济增长，一定离不开资本市场的充分发展。

二、资本市场的基本功能

资本市场具有三大基本功能，即资本资源配置功能、对资本资产风险定价功能以及提供资本资产流动性功能。在这三大基本功能中，风险定价功能提供的是一种运作机制，是最基本的功能；提供流动性功能是风险定价功能的实现形式；资源配置功能则是风险定价功能的一种自然结果。资本市场效率的高低，主要取决于其基本功能的发挥程度。

（一）资本资源配置功能

一个国家的经济结构一般由四个部门组成，即企业、政府、家庭和国外部门。家庭部门一般来说是收支盈余部门，企业和政府从总体上来说则是收支差额部门。盈余部门一般要将其剩余资金进行储蓄，而收支差额部门要投资则须从外部筹资，收支差额部门要对盈余部门举债，收支盈余部门将其剩余资金转移到收支差额部门之中去。在现代社会中，有过两种基本的资本资源配置方式：即由计划经济性质决定的中央计划配置方式和由市场经济决定的资本市场配置方式。在发达市场经济中，资本市场是长期资金的主要配置形式，并且其效率是比较高的。

通过资本市场配置资源的效率较高，至少有两点基本原因，一是资本市场是直接配置经济资源的一种方式。市场经济中，经济资源主要是通过市场来配置的，但不同的市场对于资源配置方式的效果是不一样的。产品市场配置资源具有一定的间接性，通过产品的价格波动来调节各种经济资源在不同企业、不同行业的配置，一方面会产生一定的时滞，另一方面会因过剩产品的浪费而降低资源配置的效率。资本市场则不同，它可以通过资本资产价格的波动而使资本资源直接在不同的企业和行业分配。这主要是因为资本这一特殊的生产要素具有组织生产的独特功能。但资本市场也存在着一个效率问题。资本资源有效配置的关键主要是看资本资源价格能否反映其稀缺程度。在一个价格扭曲的市场中，资本往往不能配置到具有更高产出率的企业中去。因为过低的管制价格会增大整个社会的资本需求总量，而使一部分资本产出率较高的企业的资本需求得不到满足。由此可见，一个高效运作的资本市场应有一个完善的市场定价机制。但有这一点还不够，还应有较低的交易费用。如果资本交易费用过大，甚至大于投资者所获得的利益，则交易仍不会发生。

资本市场配置资源效率较高的另一个原因是它降低了资本资源的交易成本。资本交易成本一般包括寻找费用、信息费用和签订投资合同费用。寻找费用有直接费用和间接费用。直接费用是指为出售或购买金融资产而支付的广告费用；间接费用是指为进行资本交易而耗费的时间的潜在价值。信息费用是指对所要投资的金融资产的价值评估所需支付的费用，即为估计金融资产所能带来未来收益大小所进行一切信息收集和处理活动所支付的费用。签订投资合同费用一般是指对金融工具的交易过程中所支付的费用，在交易所市场中，这一费用是有明确规定的，但在银行信贷市场（特别是购买存款单时）是无须支付这一费用的。在发达的资本市场中，尤其是在交易所市场中，为数众多的金融工具的供给者和需求者在一起进行竞价交易，减少了寻找成本和信息成本，提高了资本资源的配置效率。而在一个有效率的资本市场中，资本资产的价格反映了所能够收集到的所有信息。

（二）资本资产风险定价功能

在发达金融体系中，资本市场的一个最基本的功能是风险定价，资本市场也正在这一功能的基础上来指导增量资本资源的积累与存量资本资源的调整。

风险定价具体是指对风险资产的价格的确定，它所反映的是资本资产所带来的未来收益与风险的一种函数关系，这也是现代资本市场理论所研究的核心问题。在所有风险资产中，股票是最为基本和最为重要的一种。普通股是综合性的资本资产，它不仅包括企业一般所拥有的各种不同的有形资本，而且还包括大部分公司所具有的独特技术、人才和信誉等无形资产。因此，股票价格往往与新建立同样企业或现在的企业的有形资本的价值不一致。企业在一定的条件下可以通过发行新股票来增加其可利用的金融资源，但企业对新发行股票的实际依赖程度在不同的国家或同一国家的不同时期是大不相同的。例如，在美国，基础好的企业一般不常发行新股票，新股票市场主要是具有较大投机特征的新企业筹集资金的来源。近年来，美国市场的股票发行净增加额一般都是负数，因为股票的注销和回购超过新发行股票的总数。但在发展中国家，新增的股票总额往往会是正数，这是因为新兴市场的总规模会在一定时间内长期持续地扩张。

资本市场的风险定价功能在资本资源的积累和配置过程中都发挥着重要作用。首先，它决定了风险资本的占有条件，只有能够支付得起一定风险报酬的融资者，才能获得资本资源的使用权，这点也保障了稀缺的资本资源只流向对其使用效率最高的单位；其次，企业收益的自留或分配，部分地反映了它们对于预期收益和企业风险资本在资本市场中的价格（股票价格）状况的考虑。对于能够获得超过平均利润率的企业，往往具有发行新股票的资格和条件。而低于一般平均利润率的企业，则要么将其可用于投资的收益分配出去，以维持其现在的股票价格水平，要么使其股票贬值。

（三）提供资本资产的流动性功能

投资者在资本市场购买了金融工具以后，在一定条件下也可以出售所持有的金融工具，这种出售的可能性或便利性，称为资本市场的流动性功能。在流动性良好的资本市场中，投资者的积极性会更高，他们也愿意持有更多品种的金融工具，并可以根据市场的变化和自己对市场变化的预期调整其投资组合。如果资本市场的流动性不高，投资者就被迫持有金融工具到该工具的到期日，这可能是一个较长的时间段，在这段时间内他不能出售这些工具，这无疑增大了投资者的投资风险。因此，流动性的高低，往往成为检验资本市场效率高低的一重要指标。

三、中国资本市场的扩展功能

在我国，资本市场除具有配置资源、风险定价和提供资本资产流动性三大基本功能以外，还在其基础上衍生出以下扩展功能：

（一）提高资源配置效率功能

我国经过17年的经济体制改革，基本上将过去主要通过投资计划和信贷计划对资金资源进行配置的方式，集中于通过银行信贷机制来配置，并使其成为配置短期资金和长期资金的主体。国有企业的流动资金、固定资产投资、更新改造等都要依靠银行贷款来进行。1994 年，国有单位固定资产投资额为 11 000 多亿元，其中预算内投资、国内贷款和自筹资金分别占 4.9%、25.3% 和 48.6%，而自筹资金中，也有相当一部分是靠银行贷款来进行的。但目前在我国，通过银行信贷机制来配置的资金，运用了发达市场经济中的信贷市场交易机制的形式，由于对于信贷资金利率实行严格控制和对国有企业信贷资金以信贷计划实行供给制，因而，这种体制并未从根本上改变资金计划配置的本质。这种将信用集中于银行的间接金融体制，与已经变化了的经济结构和国民收入分配结构相比，显得十分僵化。资金资源配置效率也非常差，最终导致国力难以支持、银行业难以为继。据统计，我国目前账面国有资产约 5 万亿元，国有负债也近 5 万多亿元，包括：城乡居民储蓄近 4 万亿元，4 000 多亿元的国债、200 多亿美元的居民外币储蓄和 7 000 多亿元的流动中现金等。在国有资产经济效益低下的情况下，国家还要每年为个人金融资产利息支付 4 000 亿元，使国家不堪重负，国家银行的经济效益则是逐年下降。据统计，专业银行的利润 1994 年比 1992 年下降了 51.8%，1995 年以来出现了大面积的亏损。

由此可见，我国以银行融资为主的间接金融体系已经走入了困境。那么，出路何在？有两条，一是加快银行体制改革的步伐，建立商业银行制度，根本改革信贷资金供给制，按市场原则配置资金资源；另一条则是发展以股票和债券市场为主体的资本市场体系，运用资本市场的直接金融机制来引导居民储蓄资产的分流，以提高整个国家的资金资源配置效率。要真正实现国有专业银行向商业银行的转化，同国有企业转制一样，将遇到很多问题，不可能在短期内见效。与银行体制改革相比，发展资本市场或许是一个更现实、更有效的措施。

（二）促进市场体系形成功能

中国要建立社会主义市场经济，就是要建立完整的市场体系。在这个体系中，包括产品市场、要素市场以及产权市场。产品市场是一种较低层次的市场，但它是其他更高层次市场存在的基础，它在我国改革开放初期就开始发展起来，到现在已基本完善。相比之下，要素市场还相当落后。在要素市场中，资本市场有着特殊的地位。因为资本要素是生产的基本要素之一，资本要素在生产过程中有组织生产的功能。发达的资本市场能够有效地配置资本资源。历史经验表明，没有证券市场，就没有发达的市场经济，这是市场经济发展的普遍规律。

（三）促进经济增长方式转变功能

李鹏总理在《关于国民经济和社会发展“九五”计划和2010年远景目标纲要的报告》中指出，我国要实现今后15年的奋斗目标，关键是实现两个具有重要意义的根本性转变：一是从传统计划经济向社会主义市场经济体制的转变；二是经济增长方式从粗放型向集约型转变。实现两个转变也是提高经济效益、促进经济发展的重要途径。但在实现经济增长方式转变中，有一个很重要的因素就是发展包括资本市场在内的整个金融市场体系。物质资源、人力资源和资本资源是社会经济的三大资源，市场经济体制就是要建立以市场机制为基础的资源配置方式，资本市场的发展正是资本资源配置方式发生变革的结果。在市场经济条件下，人力资源和物力资源的配置，也是要通过资本资源的配置来实现的，即“物随钱走”，价值流动引导物质流动，这是市场经济的特点。而在这一过程中，资本市场的充分发展是必不可少的。资本市场通过将资本资源配置到能够有效使用它的企业或部门，来激励资源使用效率低下的企业改善经营与管理，从而达到促进整个经济增长方式转变的目的。

（四）帮助企业走向市场，促进国有企业转换经营机制功能

企业走向市场，不但要走向产品市场，而且要走向要素市场。资本是企业进行生产活动需要的基本要素之一，企业走向资本市场也是必然的。资本市场的直接融资具有长期性，适合企业的长期发展目标。证券市场不但可以给予企业提供融资方便，而且帮助国有企业转换经营机制，促进现代企业制度的建立。

股份公司之所以有较高的效率，是因为股份公司是一个独立的法人，与政府的分离使其可以不受政府的直接干预。股份公司也是一个自负盈亏的经济实体。企业经营好坏与股东、经理和职工都有共同的、直接的利益关系，因而各方面都关心企业的经营状况。信息公开也能使公众和政府详细了解这些公司的实际经营和进展情况。特别是当职工拥有企业股票的时候，职工更是关心企业的发展，在生产过程中形成自我监督机制。美国的一项研究表明，职工拥有公司股份10%以上的股份公司，其市场竞争力往往强于多数竞争对手。

我国要建立现代企业制度，首先要对大量的国有企业进行股份制改造。根据我国《公司法》规定，一般的股份公司中，最大股东持有公司股份不得超过75%，这就是说，要对大量的国有企业进行改革，建立现代企业制度，就要将这些公司25%以上的股权出售给资本市场，没有相当规模的资本市场的存在，势必会影响现代企业制度的建立进程。

资本市场发展对现代企业制度的建立的促进作用，具体来说主要有以下几点：

1. 资本市场筹集资本的长期性有利于股份公司的建立；股份公司不管是新建立的还是经过原国有企业进行改造的，在成立时都必须发行一定数量的股票或出售一定数量的股份，这些股份是在一级市场来出售的。在一级市场出售股票或股份，可能是私募，也可能是公募，但都需要有一定的购买力。没有一定发展程度的、具有一定规模的资本市场，就没有足够的购买力。另外，企业在经营发展过程中，也需要发行债券进行融资，这也离不开资本市场的发展。

2. 资本市场的发展可以对企业经营进行有效监督，实现企业经营机制的转换；真正实现自主经营、自负盈亏的经营原则，实现真正的法人所有制。资本市场对企业的监督主要表现在以下几个方面：一是对企业股票上市或发行债券，必须制定和公布公司章程、公开公司财务状况和保持一定的盈利能力的监督；二是通过对股票市场价格波动的企业进行收购与兼并活动形成对经理人员的监督；三是通过资本市场中股票持有者的监督或者不断变动的股东的监督，形成对经理人员的有效监督。

3. 资本市场的流动性，有利于国有资产的流动和重组。现代股份制企业必须逐步形成企业股权资本的充分流动机制，使资本流向对其使用效率较高的企业，促进资本在全社会范围内的高效配置。资本市场是企业产权进行有效配置的场所，是联结资本供求双方的中介领域，利用资本资产的定价机制，通过股权和债权在资本市场上的流动，促进企业资产的流动和重组，以扩大资本使用规模，提高资产利用效率。

4. 资本市场的国际化有利于在现代企业制度建立中直接吸引国际资本，有利于企业的国际化经营。

（五）有利于动员社会资本，促进资本形成功能

证券市场是以最有效的方式动员资本资源的。证券市场只向那些有效率地从事经营和生产社会需要的产品的企业提供资本，投资者也只愿意向这样的企业投资。那些既没有效率、又不能生产出人们所需要的产品的企业则被投资者视为很难成功的企业，它们就无法从证券市场上筹到资本。这样，就能保证国民经济在高效益的水平上运行。如果没有一种市场机制把一个国家的资本资源引向高生产率的企业中去，正如我国传统计划经济中的那样，就不可能取得较高的经济效益，也不可能真正实现经济增长方式的转变。良好的证券市场也会创造大量的投资者，使公司所有权扩展到广大社会范围。当人们发现在证券市场上可获利时，他们就会投资。这样一来就促进了储蓄，减少了不必要的消费开支。证券市场国际化程度的提高，也有利于利用外资。运行良好的证券市场能够吸引那些寻求投资领域的多样化和追求更高资本收益的海外投资者的资金到国内来，也可阻止国内资本的流出。

（六）促进国有资产价值化管理功能

在社会主义市场经济中，国有资产必须实行价值化管理，特别是在竞争性行业，国有资产的经营必须以价值增值为基本目标，这就要求国有企业应向大型化、巨型化发展，企业之间应实行产权的流动与重组、收购与兼并，这就提出大力发展资本市场的要求。

（七）增加国家财政收入功能

在传统计划经济中，国家主要依靠国有企业的利润获得资金来源。但经济体制改革的深化和现代税收体制的建立，特别是在国有企业出现净亏损的情况下，使得国家财政越来越依靠各种税收。随着证券市场的发展，有关证券市场交易的税收也成为国家财政收入的一个来源。

（八）为宏观经济调控服务功能

在现代市场经济中，金融市场成为国家宏观经济调控的最重要的领域之一。中央银行通常是制定货币政策，进行金融调控的主要机构，它的调控手段包括三个方面：法定存款准备金，再贴现利率和公开市场操作。其中公开市场操作，就是中央银行在证券市场买卖证券，以调节货币供应量，稳定经济。在我国，由中国人民银行总行建立的公开市场操作室已在外汇市场主要从事外汇的交易业务，并从 1996 年 4 月开始在国债市场进行操作试验。

（九）促进银行改善金融服务功能

资本市场的发展，使得证券业成为一个庞大的金融产业，直接同银行业进行金融竞争，打破了银行在融资方面的垄断，因而有利于促进银行努力改善金融服务，提高管理水平和提高资金周转速度，进一步降低资金成本。对国有专业银行来说，则会促使其向商业银行转化。

（十）证券市场还具有国民经济“晴雨表”的功能

证券市场的交易情况或股票价格的波动基本上反映了国家经济活动的走向。1993 年以来，特别是 1996 年，我国证券市场的发展情况也在一定程度上说明了这一点。

四、基本结论

现代资本市场，在经济运行中主要是通过发挥其三大基本功能在经济中发挥着重要作用，这三大基本功能即优化资本资源配置功能、对资本资产的风险定价功能以及为证券资产提供流动性功能。资本市场效率的高低，也主要是通过其基本功能的发展程度来检验的。具有现代意义的资本市场，尽管在我国国民经济中的地位目前还不是特别重要，但其潜在的功能是非常强大的，这就要求我们加快资本市场的发展，以实现其潜在功能的充分发挥。

参考文献：

[1]［美］爱德华·肖著，邵伏军、许晓明、宁先平译：《经济发展中的金融深化》，上海三联出版社 1988 年版。

[2] Dougall H. E. and Gaumnitz J. E., 1980: Capital Markets and Institutipns, New Jersey: Prentice Hall.

[3] 房汉廷：《现代资本市场的理论与实证分析》，东方出版社 1995 年版。

[4] Jenkins j., Capital Markets and Development: Es-

sential and Irrelevant, Capital Markets and Development, California: ICS Press, 1991.

[5] [美] 劳伦斯·S. 里特、威廉·L. 西尔伯:《货币、银行和金融市场》,上海译文出版公司 1990 年版。

[6] [美] 罗纳德·I. 麦金农著,卢聪译:《经济发展中的货币与资本》,上海三联出版社 1988 年版。

[7] [美] 雷蒙德·W. 戈德史密斯,周朔等译:《金融结构与金融发展》,上海三联书店,上海人民出版社 1994 年版。

[8] 吕汝汉:《香港股票市场》,商务印书馆(香港),山西经济出版社 1993 年版。

[9] Modigliani, F. and Fabozz F. J., 1991: Capital Markets: Institutions and Instruments, New Jersey: Prentice Hall.

[10] The World Bank, 1995: China: Theemerging Capital Market, Report No. 14501 - CHA (Volumes 2), November3. Welch J. H., 1993: Capital Markets in the Development Process, London: The Macmillan Press Ltd.

中国期货市场发展的五大趋势[①]

2011年是中国“十二五”规划的开局之年。回顾“十一五”期间，中国期货市场以服务国民经济发展为主导，不断加强基础性制度建设，加大改革发展力度，加强监管和风险防范，产品创新有序推进，投资者数量和市场规模迅速扩大，市场功能显著发挥，市场发展取得较大进展。

展望未来，特别是“十二五”期间，中国期货市场的发展，至少具有以下五个方面的趋势。

一、功能和作用将显著增强

期货市场的基本功能是价格发现和套期保值（或者风险管理）。期货市场的宏观经济功能，就是通过价格发现和风险管理功能的发挥，来进一步提高市场配置资源的效率，促进金融市场以及国民经济的持续稳健运行。

从国际期货市场的发展历史来看，实体经济催生了期货市场的诞生，期货市场也有力地促进了实体经济的发展。欧

① 本文系作者2011年3月2日在上海Trade Tech China 2011会议上的发言整理而成。

洲工业革命，使伦敦成为世界性原材料交易定价中心。美国南北战争后农业生产力的迅速发展，使芝加哥逐渐成为世界性农产品定价中心。20世纪70年代以来，全球化为金融期货发展创造了有利条件，金融期货发展也为国际金融中心的形成与发展发挥了积极的助推作用。21世纪以来，亚洲经济的崛起也必将带动亚洲期货市场的繁荣发展。

从新中国期货市场过去近20年的发展来看，期货市场的价格发现和风险管理功能，在现货生产、流通和消费等方面的作用日益增强，一些较为成熟品种的期货价格，如铜、铝、大豆、玉米、棉花及小麦等，已经成为现货贸易的重要定价参考。相关现货生产、加工及贸易企业日益认识到期货市场的重要作用，开始运用期货市场进行风险管理，实现可持续的经营发展。

期货市场功能作用的发挥，归根到底受到实体经济的需求制约；与此同时，自身的良好发展也要能够满足实体经济的需要。未来一段时期，伴随中国改革开放的深入推进，工业化和城镇化的进一步发展，中国风险投资资产规模的持续快速增长，对期货产品价格发现和风险管理工具的需求将显著增加，期货市场会获得更大的发展。

二、市场规模会显著扩大

目前，中国4家期货交易所上市了23个商品期货品种，并于2010年4月上市了第一金融期货品种——股指期货。目前，除石油外，国际上主要的农产品、金属和化工等大宗商品的期货品种均已上市，初步形成了较为完善的期货品种体系。

从市场规模来看，2010年中国期货市场共成交31.33

亿手，成交金额为308.67万亿元人民币。如果单纯从商品期货成交量来看，中国已居全球前列，甚至已连续数年排名全球第一位。但由于中国商品期货合约价值较小，持仓量水平较低，从整体上看，中国期货市场与国际成熟市场相比，不管是从成交规模还是从品种体系来看，仍有相当大的差距。

一般来说，期货交易活动中，实际使用的资金数量并不大、占用的资本资源并不多，但表现出来的成交金额的规模较大。这主要是由期货交易实行保证金交易制度所决定的。投资者在进行期货品种交易时，根据不同期货品种的交易规则和期货经纪商保证金水平的规定，投资者往往能够最高使用5~12倍的杠杆率。同时，与现货市场相比，期货市场交易费用较低，最接近经济学研究中假定的完全竞争市场模型。因此，期货市场会形成较大市场成交金额。根据中国期货业协会的统计，中国期货市场保证金总额大约为2 000亿元人民币，而在2005年，期货保证金总额大约不到200亿元。也可以横向对比，中国2010年我国彩票发行总额为1 662亿元，并且近年来每年都在1 000亿元规模以上。由此可见，中国期货市场通过近20年发展积累下来的投资资金总额，仅相当于彩票1年净投资的总额。这表明，随着经济发展，中国全社会的风险投资资本在快速增长。这些资本如果运用得当，特别是通过发展期货市场加以运用，可以服务于中国经济社会的可持续发展。

由此也表明，中国期货市场还有很大的发展空间。特别是目前主要还只是商品期货交易，金融期货才刚刚起步，金融机构参与数量还比较少，市场功能发挥还非常有限。中国期货市场未来发展潜力还很大，市场增长空间也非常大。

三、基础性制度建设特别是法规建设取得显著进展

目前，中国建立了以《期货交易管理条例》为核心的法规体系，设立了期货保证金监控中心，建立了较为严格的保证金安全存管监控制度，建立了投资者保障基金制度、期货公司净资本监管制度、股指期货投资者适当性制度等，为期货市场的可持续发展奠定了良好的基础。

未来一段时期，中国期货市场基础性制度建设还会不断加强，特别是加快期货法立法工作，显得尤其重要。行业立法是国家意志的集中体现，是一个行业长远发展的依据与保障，是行业走向成熟的重要标志与条件。在总结中外期货发展经验教训的基础上，加快推进制定中国期货法，对促进期货市场发展再上新台阶，具有重要意义。

美国期货监管经验为中国期货市场发展与监管提供了重要的借鉴。这次美国爆发的次贷危机，其主要原因是基于美国房地产价格周期性下调过程中，金融风险管理失控和金融监管的不足，其中场外金融衍生产品风险管理失控是重要因素。我们同时也看到，危机发生以来，美国期货市场运行基本未受影响，甚至获得进一步发展，成交量稳步增长，市场功能有效发挥，期货监管机构在《金融监管改革法案》中获得更多的监管职责，甚至人员预算可以扩大1倍。主要是因为期货市场基础性制度较为完善，市场运行较为规范，市场透明度较高，监管较为有效。

长期以来，在期货交易所交易的金融期货产品都没有发生大的风险。与美国次贷相关的金融衍生产品，主要在场外

进行交易，是场外金融衍生产品。场外市场与场内市场相比，面临更大的风险，这主要是因为场外市场缺乏相应的监管机制：一是场外衍生产品市场并没有期货交易所提供的保护机制，如保证金存款、价格涨跌停板等；二是场外交易市场没有交易对手方即中央结算系统作为担保；三是交易所对市场信息进行披露，具有较高的透明度，并且进行当日结算，可使风险得到及时化解，而场外交易产品长时间存在，导致市场规模不断扩大，风险不断积聚；四是场外市场缺乏联邦政府监管，而期货交易所受到期货监管机构的严格监督；五是场外交易市场出现人为定价即根据数据模型定价，而在期货市场由全体参与者进行市场化定价。

四、机构投资者显著发展

发达期货市场上，机构投资者也较为发达，一般包括自营交易公司、银行、保险公司、对冲基金等。各类机构的广泛参与，有助于期货市场价格发现和风险管理功能的发挥。中国期货市场尽管投资者总数已有100多万户，且主要以个人投资者为主，尽管已有大量商业机构从事套期保值交易和投资交易，但总体来看，机构投资者发展滞后，市场功能发挥受到较大制约。因此，需要大力发展机构投资者，促进形成多元化的投资者队伍，包括积极引导产业链相关企业利用市场管理风险，要研究推动各类机构参与期货交易的方式与途径，研究发展期货市场专业的机构投资者。

沪深300股指期货的上市，为广大金融机构更好地进行风险管理创造了条件。

截止到2011年1月底，股指期货累计成交5 021万手，日均成交25.88万手，日均持仓2.8万手，投资者开户数增至6.1万户。总体上看，市场运行平稳有序，交易投资适度，期货与现货价格拟合度高，风险控制得当，市场秩序比较理性规范。

股指期货上市是中国资本市场改革发展的一项重大举措，对于培育和完善中国资本市场体系具有重要而长远的意义。一是完善了市场结构，改变了单边运行机制，进一步完善了股票市场的风险定价机制，在为市场提供双向交易机制的同时，增加了市场平衡制约力量，增强了内在稳定机制；二是提供了股票投资的保值工具，培育了规避风险的理性投资文化，特别为机构投资者长期持股、促进持续稳定经营创造了条件；三是促进了金融创新，改善了证券市场的生态环境，有利于建立多样化的投资策略，满足投资者的多元化投资需求；四是有利于实现资本市场、商品市场、货币市场和外汇市场的有机融通，有利于拓展资本市场的广度与深度，有效提升资本市场的资源配置功能和服务国民经济发展的能力。

股指期货市场这这些功能的实现，有赖于广大金融机构的积极参与，并正确运用这一市场。从商品现货经营机构运用期货市场进行套期保值和风险管理、实现稳定经营的经验来看，金融机构要正确地运用期货机构，机构高管人员要对期货市场有较为深刻的理解，制定严格的风险管理制度，严格服务于股票现货投资活动，绝不能变成单纯的期货市场的投资或投机者。这是因为，套期保值与单纯的期货投资或者股票投资相比较，不管是出发点，还是投资交易理念，或者风险管理，都具有实质性的差异。

五、市场监管显著加强

期货监管的核心目标，就是要确保价格发现和风险管理功能能够得到正常发挥，以维护投资者的信心，促进市场的可持续发展。未来一段时期，中国期货监管将对市场功能及其变化及时了解，对新技术和新交易方式保持灵敏反应；注重加强市场一线自律监管和行政监管的协调配合，完善跨市场监管合作机制；为各类市场创造公平竞争的平台与环境，鼓励有竞争能力和发展潜力的公司通过竞争脱颖而出；要吸引和鼓励优秀人才加入期货行业，不断提升期货服务业的素质与水平；通过不断改善监管方式，提高监管效率，为期货市场可持续发展提供有力保障。

我们也看到，中国期货市场在快速发展的同时，仍存在一些问题，如产品结构有待完善、金融期货发展刚刚起步、国际化水平较低等。总的来看，未来一段时期，特别是“十二五”期间，进一步加强市场监管，防范系统性风险，深化市场功能发挥，稳步推进法制化和国际化建设，有效服务经济发展转变，将是中国期货市场改革发展面临的主要任务。

利用市场机制化解环境危机

——国际碳市场发展动向、经验及我国方案设计[①]

全球气候危机是全人类面临的共同问题。在化解气候危机过程中，碳市场通过建立完善的制度与机制，用经济手段实现在国际范围内的量化减排目标进行了成功尝试。碳市场也成为全球广受瞩目，利用创新金融衍生产品解决现实经济问题的典型案例。研究了解国际碳市场动向，探讨国际碳市场发展经验，探索设计符合我国实际的减排管理方案，对“十二五”期间我国经济发展具有积极意义。

一、碳市场是利用市场化机制化解气候危机的重要手段

（一）从法律基础来看

为缓解全球气候变暖、减少温室气体排放、解决全人类

① 本文系作者在由英国大使馆和北京期货商会于 2011 年 1 月 7 日在北京举办的“铸建未来中国碳市场价格体系研讨会”上发言整理而成。

共同面临的环境危机，《联合国气候变化框架公约》及《京都议定书》强制规定了减少温室气体排放的相关要求，为解决环境危机提供了最为重要的法规条件。该强制性规则之一是《联合国气候变化框架公约》附件一规定的国家的量化减排指标，即在2008～2012年其温室气体排放量在1990年的水平上平均削减5.2%。这一规定将于2012年到期，但人们普遍期望，2012年之后，在一定的区域内，仍有类似的强制性规定，为碳市场的存在和发展提供法规基础。

（二）从市场机制来看

为达到《联合国气候变化框架公约》全球温室气体减排的最终目的，前述的法律架构约定了三种减排机制：（1）清洁发展机制；（2）联合履行机制；（3）排放权交易机制。这三种都允许联合国气候变化框架公约缔约方国与国之间，进行减排单位的转让与获得。

根据这些机制安排，碳交易市场存在两种形态：一种形态是配额型交易（Allowance - based Transactions），是指总量管制下所产生的减排单位的交易，如欧盟排放权交易机制中的“欧盟排放配额”（European Union Allowances，EUAS）交易，主要是指被《京都议定书》减排的国家之间超额减排量的交易，通常是现货交易。另一种形态是项目型交易（Project - based Transactions），是指因进行减排项目所产生的减排单位的交易，如清洁发展机制下的“排放减量权证”、联合履行机制下的“排放减量单位”，主要是通过国与国合作的减排计划产生的减排量交易，通常以期货方式预先买卖。

多样化的交易机制为碳市场的迅速发展提供了机制保障。

（三）从市场发展实践看

世界上的碳交易所共有五个方面：一是欧盟的欧盟排放权交易市场（European Union Green House Gas Emission Trading Scheme，EU ETS）。二是英国的英国排放权交易市场（UK Emissions Trading Group，ETG）。三是美国的芝加哥气候交易所（Chicago Climate Exchance，CCX）市场。四是澳大利亚的澳大利亚国家信托（National Trust of Australia，NSW）市场。由于美国及澳大利亚均非《京都议定书》成员国，所以只有欧盟排放权交易市场及英国排放权交易市场是国际性的交易场所，美、澳的两个交易所具有象征性意义。五是发展中国家的碳交易市场，包括印度等国家。

不同的碳市场都形成了相应的市场组成机构，包括供给方、需求方和中介机构。供给方主要包括项目开发商、减排成本较低的排放实体、国际金融组织、碳基金、各大银行等金融机构、咨询机构、技术开发转让商等。需求方主要包括履约买家（减排成本较高的排放实体）和自愿买家（出于企业社会责任或准备履约进行碳交易的企业、政府、非政府组织、个人等）。金融机构进入碳市场后，部分承担了市场中介的角色，包括市场经纪商、交易所和交易平台等机构。

从以上三个方面来看，国际碳市场的发展，已初步形成了相对完善的市场机制架构，为碳市场的可持续运行和功能发挥奠定了坚实基础。

二、碳市场实质上是金融市场

碳市场交易对象是碳资产，这种资产原本在世界上只有物理存在，并不存在经济价值，因为它既不是商品，也没有使用价值，其物理形态就是空气的组成部分而已。但是，1997年《京都议定书》的签订，明确规定了在环境合理容量的前提下，包括二氧化碳在内的温室气体的排放行为将受到限制，由此导致碳的排放权和减排量额度开始稀缺，并成为有价资产。作为逐渐稀缺的碳资产，在《京都议定书》规定的发达国家与发展中国家共同但有区别的责任前提下，出现了流动的要求。同时，由于发达国家有减排责任，而发展中国家没有，因此产生了碳资产在世界各国不同的分布与稀缺性。

一般来说，由于能源利用效率的差异，减排的成本会产生较大的差异。发达国家的能源利用率高，能源结构优化，因此，其进一步减排的成本高、难度大。而发展中国家，能源效率低，减排空间大，成本低。这就导致了同一减排单位在不同国家之间存在着不同的成本，形成了市场价差，表现为发达国家需求较大，发展中国家供应能力较强，由此产生国际之间的碳交易市场。

同样，不同的地区、行业及企业之间也存在减排成本的差异，如果规定相应的减排额度，也就会存在各地区、各行业和各企业之间减排额度的优化配置问题，具有边际成本优势的单位就会有转让的需求，碳资产存在优化配置的问题。而这种优化配置的过程，就需要借助碳市场来进行。通过碳市场交易，可以综合为广泛的碳资源信息，并通过碳资产交易，实现碳资源的优化配置，客观上促进低碳经济的发展。

零星的碳交易具有商品市场的性质；但集中、持续、大规模的碳交易实际上是金融交易市场。尤其以碳资产作为基础产品而开发形成并在期货交易所挂牌交易的碳期货、期权产品，就是标准的金融衍生产品。

三、碳市场的规范发展离不开适当的监管

从全球发展来看，金融市场和金融产品都要受到金融监管机构的监管。碳期货与期权产品的开发、上市以及交易都离不开有效监管。

我国碳市场发展仍处于萌芽阶段。但我们面临的问题，已不是是否需要建立碳市场问题，而是如何建设碳市场，使这一新兴的市场机制为我国经济的未来发展提供更加有效的服务。这需要从多个方面借鉴国际市场经验，并从我国实际出发，明确相应的减排目标，设计好相应的市场机制，开发相应的碳产品，做好市场培育发展工作。当然，这些都需要在现有基础上，做好更加深入细致的研究论证工作。

期货市场与“三农”发展

——大连农产品期货市场对“三农”的影响分析[①]

一、大连农产品期货市场发展的基本情况

大连商品交易所成立于1993年，与国际上成熟市场的期货交易所相比，是个年轻的交易所，无论是从市场容量看，还是从对经济的影响力看，都存在较大的差距。但经过这些年的快速发展，大连商品交易所已初步发展成为全国最大的农产品期货交易所。在大连商品交易所上市的玉米、大豆期货，已成为与国际市场密切联系、相互影响的重要品种，为市场功能的发挥奠定了坚实基础。

大连商品交易所上市品种有黄大豆1号、黄大豆2号、玉米、豆粕和豆油。2006年，共完成期货交易量2.41亿手，交易额5.22万亿元，分别比2005年增长21.4%和10%，占全国市场份额的53.6%和24.8%。全年新增客户5.8万个，客户总数达22.23万个，同比增长36%。其中，玉米期货交易量大幅增长，交易量达1.35亿手，占全国的

① 本文写于2007年5月15日。

30%，成为全国交易量最大的期货品种。全年累计实现实物交割 101.2 万吨，履约率达 100%。截至 2007 年 4 月底，2007 年大连商品交易所期货交易量为 6 468 万手，交易额为 15 544 亿元，分别占全国市场的 45.27% 和 18.53%；各期货合约持仓总数为 201 万手，占全国期货持仓总量的 68.91%。

经过十多年的发展，大连商品交易所的大豆、玉米、豆粕、豆油期货价格已成为国内市场的权威价格，玉米、大豆期货价格已成为了国际市场销区的代表性价格。在压榨、饲料、粮油等大豆和玉米相关加工、贸易行业中，有 11 740 家企业（其中包括有外资背景的 240 家企业）在大连商品交易所开户从事期货交易，积极利用期货市场管理价格风险，有效促进现货经营，实现企业的可持续发展。

近年来，大连商品交易所的国际影响力不断增强。根据美国期货业协会（FIA）公布的世界期货交易所交易量排名，大连商品交易所 2002～2006 年的交易量分别位居全球第 10 位、第 9 位、第 8 位、第 9 位、第 9 位，稳居前 10 位，已跻身世界领先的期货交易所行列。根据 FIA 最新统计，2006 年，大连商品交易所玉米期货合约已超越 Nymex 原油、CBOT 玉米等期货合约，成为全球交易量最大的商品期货合约；大连商品交易所豆粕期货合约交易量也稳步增长，在全球豆粕期货合约中居第 1 位。

二、大连农产品期货市场对促进农民增收的作用

期货市场是市场经济体系的高端形式，具有发现价格、配置风险等重要功能。充分发挥农产品期货市场的功能，有效利用其组织导向作用和避险机制，对推动农业发展、促进

农民增收具有重要意义。作为以农产品为主的期货交易所，大连商品交易所一直以推动农业发展、保护农民利益为己任，积极探索期货市场服务“三农”工作的新路，取得了积极的成效。

（一）引导农民调整种植结构，提高种植效益

在现代市场经济环境中，农业生产面对的最大风险不再是自然风险，而是价格风险。以集贸市场、批发市场为主的现货市场只反映当期农产品价格趋势，不能担负起为农民提供下一收获季节价格信息的重任，也无法转移农产品未来价格变化的风险。大连农产品期货市场的期货合约，能够发现上市品种长达 1 年半内的预期价格，可以引导农民根据预期价格制定或调整种植计划，改变过去主要根据过去 1 年的供求情况种粮的传统做法，提高了粮食生产的收入。

黑龙江省海伦市是有名的大豆之乡，2006 年春播季节，上年大豆价格的低迷不振使当地农民对当年种什么品种感到困惑。黑龙江省三力期货公司的专家为海伦农民算了一笔账，大豆单产按 3 500 斤/公顷计，按当时期货价格折合后为每斤 1.2 元，每公顷毛收入 4 200 元；玉米单产按 18 000 斤/公顷计，折合后价格每斤 0.45 元，每公顷毛收入 8 100 元，考虑每公顷玉米的种植成本比大豆高 700 元左右，种植玉米比种植大豆每亩实际多收入 200 多元，因此种玉米收益高于大豆。听了期货专家的分析后，农民们决定多种玉米少种大豆。为避免秋收后玉米价格下跌遭受损失，当地农民同时与当地相关企业签订了订单，企业则择机将这些订单在期货市场上卖出。据黑龙江省农业委员会统计，2006 年黑龙江省玉米播种面积比 2005 年增加 515 万亩，农民通过种植结构的调整增收了 10 多亿元。

（二）引导农民把握卖粮时机，增加销售收益

粮食期货市场价格较为敏感和权威，能够及时反映全国乃至全球市场的供需变化，引导粮食现货市场合理流动，提高粮食资源的配置效率。特别是在粮价出现上涨趋势时，通过引导农民正确把握卖粮时机，发挥期货市场转移风险的作用，可以较好地增加农民的销售收益。

2003 年，国内外大豆期货价格创出 7 年来的新高，针对当时黑龙江省大部分农民不了解市场信息、仍低价卖粮的情况，大连商品交易所建议黑龙江省委、省政府大力推动期货价格信息下乡，利用各种媒体和渠道传播大豆期货价格信息，引导豆农以期货价格指导卖豆，使黑龙江省豆农抓住了大豆涨价的机会，当年实现增收 10 多亿元。

2004 年，大连商品交易所又推动黑龙江省农民通过与龙头企业开展期货订单的方式“先卖后种”，抓住春播时豆价较高的时机、规避秋收价格下跌风险。当年，黑龙江省 2 万多豆农通过期货市场在春播时卖出秋天收获的大豆，锁定了种植利润，增收数亿元。

2005 年年初，黑龙江省望奎县大豆现货价格为每斤 1.17 ~ 1.20 元，当时期货价格呈现上涨趋势，当地政府部门听取期货专家的建议，及时将期货价格通过电视等媒体传播出去，引导农民合理掌握卖豆时机。到 3 月初，大豆期货价格达到每斤 1.50 ~ 1.57 元时，县政府通过指导农民卖粮，使全县大豆卖上了好价钱。据统计，2005 年 3 月，通过期货市场价格指导，农民大豆卖价达到每斤 1.37 元，每斤多卖了 0.20 元，全县农民仅此一项多收入 1 000 多万元。

（三）组织开展订单生产，回避价格风险

农产品由于生产周期较长等原因，其价格波动往往比工业品更为剧烈，使农民承担着巨大的市场风险。近年来，大连商品交易所为帮助农民有效规避价格波动风险，积极推动东北地区农民和相关农产品经营机构开展“公司＋农户、期货＋订单”试点，建立社会化的粮食市场风险配置机制，取得了显著的效果。

（四）引导农产品加工企业调整经营策略，实现可持续发展

大连农产品期货市场品种流动性强，价格合理有效，为各类主体利用期货市场规避风险提供了良好的平台。对许多现货企业来说，期货市场已成为调整经营策略和方向的“风向标”。

（五）开展“千村万户市场服务工程”，建立利用期货市场促进农民增收的长效机制

大连商品交易所在总结多年来服务农民增收和农业产业发展经验的基础上，从2005年开始在东北粮食主产区开展了“千村万户市场服务工程”，免费对东北种粮农民、基层干部和现货企业负责人开展市场知识培训，通过网络、手机短信和信息刊物等方式，为农民提供市场信息服务，引导农村中介机构和龙头企业，积极进行10余种“公司＋农户、期货＋订单”模式的试验，带动种粮农民步入现代市场，实现小农户与大市场的对接。两年多来，大连商品交易所在东北粮食主产区培训学员3.8万人次，推动东北粮食产区自

发成立协会或经贸公司20多家，中介机构50多个，覆盖种粮农民几十万人。通过千村万户工程，产区农民的市场意识和市场能力有了很大提高，提升了农业生产的组织化程度，涌现出黑龙江省望奎县、海伦市和吉林省四平市等一批运用期货市场，推进农业发展和农民增收的典型案例。

从大连商品交易所“千村万户市场服务工程”的经验看，要利用期货市场实现生产与市场的有效对接，建立通过资本市场使工业反哺农业，推动农业市场化、产业化的机制。一是推动粮食主产区市场化水平的提高。通过知识培训、信息服务和期货订单等方式，使农民和涉农企业了解期货市场的价格信息，提高市场意识，增强利用市场的能力。二是推动农业生产组织化程度的提高。“公司＋农户、期货＋订单”的模式证明，农民要利用好期货市场，必须组织起来，发挥农村中介机构和龙头企业的作用。三是推动粮食产业化的深入发展。开展新型订单模式，发挥期货市场在粮食流通过程中的作用，有利于解决“小生产、大市场”的矛盾，降低粮食流通成本，丰富粮食购销模式，完善粮食市场体系。四是服务和支持国家进行粮食宏观调控。农民利用期货价格信息，合理调整种植结构，通过个体微观的理性行为，促进了粮食种植结构的优化。期货市场对政策信息较为敏感，有利于提高国家调控政策的效率。

经过多年努力，东北粮食主产区政府、企业、农民的观念正在改变。过去农民依靠感觉、经验、随大流的种地卖粮习惯和经营模式正在发生转变。很多农民过去只会种田，现在既会种田，也懂市场。政府对农业生产的指导也由单纯重生产向生产和市场并重的方向转变。在市场价格的引导下，农民和企业联系更为紧密，农业生产的组织化程度正在提高。

三、大连农产品期货市场对农产品现货价格的影响

大连农产品期货市场价格作为大豆、玉米、豆粕、豆油等相关品种国内市场的权威价格和国际市场销区的代表性价格，能够较为全面、客观地反映市场供求关系和未来的价格趋势，对现货市场具有重要的引导作用，已成为对未来产品定价和保值、回避价格风险最为有效的工具。

（一）为国家调控农产品市场提供价格信号，强化了宏观调控效果

粮食市场化改革后，以市场化手段对粮食生产与流通进行调节，成为政府宏观调控方式转变的方向。期货市场价格信息反映市场预期，可以为国家宏观调控提供科学的参考信号，增强宏观调控的预见性和针对性；同时，期货市场价格信息传导效率高，对现货市场影响大，国家宏观调控信息通过期货价格信息传递，能够减少信息传导的时滞，提高政策实施的效率，增强调控效果。

（二）发现权威价格，形成全国统一市场，提高了粮食资源的配置效率

大连农产品期货市场价格的集中性和权威性使其成为现货粮食经营的参考价格，农民和企业参照期货价格卖粮、收粮，使全国相对分割和分散的现货市场价格以期货价格为中

心逐步统一，真正形成全国性的市场体系。同时，期货价格信息使粮食现货市场价格传导时间大大缩短。

几年前，国际大豆市场和销区大豆市场价格涨跌信息传导到基层商贩需要半个月的时间，从商贩到农民手中还需要一周左右的时间。目前，商贩和农民通过期货市场，当天就能得到国际、销区市场大豆价格，一般大豆种植户在随后一两天时间内可以了解到市场价格的变化。据黑龙江省现货商反映，1997～2002年，黑龙江省内大豆价格地区差价较大，哈尔滨与佳木斯的大豆差价就能达到60元/吨左右。2003年以来，地区间差价已主要体现为运输差价，甚至缩小到实际无差价的状态。2002年以前，将大豆从哈尔滨运到大连，除运费外高时能有200元/吨的盈利，平均也能有80元/吨的盈利，目前这一差价不到10元/吨。又如，在玉米期货推出之前，吉林和黑龙江两省间的玉米市场价格地区差价一般在60元/吨以上，玉米期货推出后，这一地区差价基本上已经不存在了。

在期货市场价格信息的引导下，现货市场价格得到了有机统一，打破了过去市场信息传递不畅、现货市场相对分割的局面，使区域市场间价格信号传递时间大大缩短，现货价格地区间差价缩小，提高了现货市场效率，保护了农民利益。

四、大连农产品期货市场对进出口贸易的促进作用

随着我国进出口贸易额排名为世界第三，我国加强对经济全球化风险的防范与管理的任务也日益艰巨。国际期货市

场发展对于国际经济的作用和影响日益增大，其中，期货和金融衍生产品成为国际基金及其他少数利益集团操纵期货价格、提高原材料价格、加大世界经济增长的成本的手段。近年来，国际大宗商品价格大幅波动，我国广大进出口贸易企业承受了巨大的市场风险。大连农产品期货市场的快速发展，为我国企业提供了有效的避险工具，增强了我国在国际大宗农产品贸易中的话语权，维护了我国进出口贸易企业的利益，保障了国民经济的发展。

（一）为广大进出口贸易企业提供有效的避险工具

在大连农产品期货市场，目前规模以上玉米、大豆经营企业大部分都参与套期保值交易，回避市场经营风险。广大进出口企业对期货市场的利用，不仅增强了企业经营的计划性，使企业原料进口能够根据所需有序进行，而且规避了国际贸易的价格风险，增强了企业竞争力。同时，国内粮食市场价格与国际粮食市场价格相关性不断增强，国内市场与国际市场联系更为密切。

（二）推动形成大宗商品定价中心

由于期货市场的价格是由广泛的参与者集合竞价形成，并且公开、透明，一般较现货价格更具竞争性，能够充分反映市场供求及对未来的预期。因此，国际大宗商品贸易价格一般都是以该类商品的期货价格作为基准价格，一些具有国际影响力的期货交易中心则成为国际商品定价中心。目前，全球已经形成了以 CBOT 和 NYBOT 为核心的国际农产品定价中心、以英国伦敦金属交易所（LME）为核心的国际有色金属定价中心、以 NYMEX 和英国伦敦国际石油交易所

（IPE）为核心的国际能源产品定价中心。

经过十多年的发展，大连农产品期货市场已经成为相关农产品的国内定价中心，在国际市场上也有了一定影响力。从大豆期货品种运行情况来看，近几年大连商品交易所大豆期货价格国际影响力不断扩大，通过分析大连农产品期货市场价格判断 CBOT 大豆价格趋势，已成为相当多的 CBOT 市场分析人士每日的重要工作。在玉米期货市场，由于运输成本的屏障保护，使国内玉米市场独立性相对较强，玉米期货价格充分体现着国内市场的影响因素，玉米出口国家的相关企业越来越重视大连玉米期货市场。2007 年 9 月和 10 月，大连商品交易所将分别在大连和广州举办“国际玉米大会”和“第二届国际油脂油料大会”，进一步扩大我国相关期货品种市场的国际影响力。

五、关于加强我国农产品期货市场建设的有关建议

切实发挥好农产品期货市场功能，加强市场建设，增强其国际竞争力，是保障我国农业安全、促进国民经济发展的重要战略选择。为此，提出以下几点建议：

（一）为期货市场发展创造良好的政策环境

近年来，我国期货业的政策环境逐渐向好，连续 4 年的中央 1 号文件都指出要发挥期货市场功能。但是，目前国内对期货市场的认识仍有很多误区，相关政策也还有很多限制。建议借鉴发达国家做法，从国家经济全局的战略高度，

进一步提升期货市场在国家经济体系和金融体系中的定位，制定相应的扶持发展政策。特别是要继续鼓励大宗农产品期货新品种上市，应尽快推出稻谷、塑料（农用薄膜主要原料）、棕榈油、生猪等涉农期货品种，为我国期货市场的持续发展奠定坚实基础。

（二）加强对农民期货市场知识培训

国家有关部门很重视农民培训，但培训内容偏重于科技方面，市场方面的知识培训相对较少。随着我国市场经济体制的完善，市场知识对农民更加重要。因此，我们建议在现有培训体系中，进一步加强对农民市场知识的培训力度，其中应该考虑增加期货知识培训内容。同时，要注重发挥交易所开展农民培训贴近市场、内容中立的优势，让期货交易所介入更多的农民培训项目，对交易所开展公益培训活动予以资金支持和政策扶持。

（三）发展期货订单推进粮食产业化经营

订单农业的风险补偿问题是困扰粮食产业化经营的难点，利用期货市场可以很好地解决这一问题。期货订单是将订单农业与期货市场紧密结合，以期货市场的风险管理和市场引导机制，保障订单农业的组织功能、信用功能得以充分发挥，从而实现农业小生产与大市场的对接，提高农业生产的组织化程度和农产品流通效率，建立符合市场需求的粮食流通新模式。期货订单可以利用期货市场的套期保值机制和履约担保机制，化解由于粮食市场价格变化、订单合同不履约带来的双重风险，体现为风险管理社会化、市场手段多样化、内部运行规范化的重要优势，为粮食产业化发展等创造有利条件。因此，建议在粮食主产区大力扶持和推动期货订单这一创新性的经营模式。

（四）完善利用期货市场促进农民增收的金融政策

期货市场是金融体系的重要组成部分。目前，国家农业开发银行对开户企业参与期货交易的限制，严重制约了企业和农民有效利用期货市场保值避险，对粮食流通企业套期保值及发展订单农业等影响很大。在目前的情况下，应该适当放宽国家农业开发银行资金对农产品期货市场开展套期保值交易的限制。鉴于农产品期货是期货市场上的弱势品种，建议有关管理部门制定减免农产品期货交易税费、提供融资支持、上市工业品种反哺等优惠政策，鼓励和扶持农产品期货市场发展，提高国际竞争力。

（五）稳步推进期货市场的对外开放

随着我国改革开放的深入发展，稳步推进期货市场的对外开放显得日益重要。外资的进入对市场的发展有重要的促进作用，可优化市场投资者结构，提高市场的流动性和相关市场的国际地位。我们要站在全球视野的角度，在积极充分准备的基础上结合国情循序渐进，稳步推进期货市场的对外开放，引入境外机构投资者。同时，由于外资机构特别是银行、证券、投资基金等，其投资理念成熟且不会轻易进入一个国家的期货市场。他们进入之前需要进行周密的调研，并基于其全球化战略投资的需要，基于通过不同市场来完成其投资组合和风险管理的需要而审慎投资。因此，我国应进一步提高市场公信力和增强市场流动性，完善相关法律法规，不断增强我国期货市场的吸引力。

完善稻谷市场体系 发展粳谷期货交易

——开发粳谷期货的意义及条件分析[①]

稻谷是我国第一大粮食作物，年产量在1.8亿吨左右，占全国谷物产量40%以上，在我国粮食生产、消费、流通和贸易中占据重要地位。近年来，随着我国粮食市场的全面放开，稻谷市场体系已基本形成，价格波动日益频繁，相关生产经营企业避险需求非常强烈，国家有关部门也迫切需要健全市场机制来调控市场、引导生产。作为稻谷家族的主力品种，粳谷已占稻谷产销量的40%以上，主要用于口粮消费，价格变动对人们生活和经济运行具有较大影响，而且粳谷也是我国具有国际竞争力的优势粮食品种，代表着我国稻米市场的发展方向。按照党中央关于建设社会主义新农村和国务院关于推动资本市场改革发展的有关政策要求，适时开展粳谷期货交易，对于我国稻谷产业发展、深化粮食流通体制改革、完善农产品期货市场体系等都具有重要意义。

① 本文写于2006年2月15日。

一、开展粳谷期货交易意义重大

（一）有利于完善和深化粮食市场体系

开展粳谷期货交易，有利于完善和深化粮食市场体系。一方面，将建立起集贸市场、批发市场与期货市场的三级稻谷市场体系，从而规范现货流通秩序，促进稻谷全国统一市场体系的形成和发展；另一方面，可充分利用期货市场的预期价格，与反映即时供求的现货价格相结合，为稻谷生产、流通和消费提供有效的价格指导，有助于生产经营企业合理决策，减缓稻谷生产和价格的剧烈波动。

（二）有利于推动我国稻谷产业发展

开展粳谷期货交易将有助于充分发挥期货市场功能，指导农民把握市场节奏种好地、卖好粮，按照市场需要发展优质品种，建立长效增收机制；有助于粮食企业利用期货市场套期保值，稳定企业与农户的利益联结机制，促进发展订单农业，推进稻谷产业化发展。大豆和玉米期货市场的积极作用也充分证明了这一点。

（三）有利于提高政府宏观调控能力

我国粮食宏观调控的目标是努力保持粮食供求的紧平衡。开展粳谷期货交易，有助于利用和发挥期货市场的先导作用，及时反映市场供求趋势，完善调控机制，降低调控成本，提高政策实施效果，并避免被动调整和事后调节对市场的冲击，促进市场保持紧平衡状态。玉米期货也提供了很好例证。2005 年年初和年末，为缓解玉米市场价格持续下滑的局面，国家有关部门适时发布了出品配额、退税以及运输补贴等相关政策，玉米期货市场及时、准确地对政策信息发挥了传导作用，并领先于现货市场走强，在落实宏观调控政策中发挥了积极作用，得到了有关部门和市场的好评。

（四）有利于提升我国稻谷的国际市场地位

稻谷是我国具有国际市场优势的大宗粮食品种，年产量约占世界总产量的 35%，位居世界第 1 位。我国也是主要的大米贸易国，出口量居世界第 4 位，进口量逐年上升。粳谷是我国的优势粮食品种，粳米也是我国出口日本、韩国等亚洲市场的主力品种。从国际期货市场的现状看，目前只有美国、印度、泰国等少数几个国家开展了稻米类期货交易，且主要以籼米为主。上市粳谷期货，有助于发挥我国粳谷独特的市场优势，使我国发展成为全球性的粳谷定价中心。

（五）有利于促进农产品期货市场的深入发展

开展粳谷期货交易，标志着我国四大粮食品种将全部开展期货交易，形成完善的大宗粮食品种期货体系；同时，也可根据期货价格编制完整的粮食期货价格指数，并在此基础上发展粮食指数期货，为农产品市场提供更完善的风险管理工具，方便投资者进行跨市、跨品种套利交易，促进农产品期货市场的创新发展。

二、开展粳谷期货交易条件成熟

目前，粮食市场已全部放开，期货市场发展不断成熟，限制稻谷期货的制度和市场障碍已经消除，开展粳谷期货交易的条件已经具备。

（一）粳谷是大宗粮食品种，非常适合开展期货交易

我国是世界最大的粳谷产区，年产量约 8 000 万吨，总产值约 1 500 亿元，粳谷的商品化程度较高，是典型的大宗粮食品种。粳谷自身的商品特征，如质量标准体系较为健全、品级易于划分以及检验、存储和运输相对容易等，也非常有利于开展期货交易。

（二）粳谷价格波动较大，企业避险需求强烈

近年来，随着粮食市场的放开，稻谷市场价格波动趋于频繁剧烈。2000～2005 年，稻谷市场价格经历了 6 个大的波动周期，涨跌幅度近 20%。以 2004 年为例，上半年价格呈现大的上涨周期，随后出现了高位调整，到年末时粳谷收购价格平均较年初最高时下跌了 100 元/吨以上，比上年同期高出 300 元/吨左右，许多粮食企业饱经市场风险、经营出现了问题，甚至难以为继，迫切需要采取有效手段规避市场风险，以保障稳健经营。

（三）粳谷市场流通全部放开，市场化程度较高

随着新一轮粮改的稳步推进，粳谷市场已经全面放开，粳谷产销、流通的市场化运作机制已基本形成，目前全国已建成较为完善的粳谷、粳米批发，零售市场体系，现货市场较为发达、完备，市场流通较为高效、有序，粳谷期货交易具有较好的现货市场基础。从市场主体看，据不完全统计，全国主要从事稻谷收储、流通的企业3万余家，规模以上稻米加工企业近1万家，而且随着国有粮食企业的改制重组，民营经济和多种经济成分的稻谷流通和加工企业正在占据市场重要地位，市场多元化趋势明显，市场主体发育较为成熟。

（四）农产品期货市场发展成熟，有较好的市场基础

我国期货市场自农产品期货起步，经过15年特别是近年来的努力，已进入稳步发展的新时期，形成了较为完善的期货市场法律法规体系，市场运作不断规范，市场监管不断加强，市场主体自律能力和风险管理水平不断提高，现货企业参与广泛，大豆、玉米、豆粕、小麦等农产品市场较为活跃，功能得到有效发挥，为相关产业发展做出了积极贡献，参与全球定价的潜力和功能初步显现。我国在农产品期货的品种开发、市场交易和风险控制等方面积累了丰富的经验。

增强石油定价话语权
发展中国石油期货市场

——上市石油期货对我国经济发展的影响分析[①]

石油是关系国计民生的重要战略物资。近年来，国际原油价格波动剧烈，对我国经济的影响巨大。发展我国石油期货市场，对增强我国石油定价话语权，帮助石油相关企业规避价格风险，确保国家能源安全具有重要意义。

一、上市石油期货有利于增强我国石油定价话语权

近年来，随着国民经济又好又快发展，我国石油需求快速增长。从2005年起，我国石油消费超过日本，成为仅次于美国的第二大石油消费国。2006年，我国原油表观消费量3.23亿吨（表观消费量=总产量+净进口量），出口量634万吨，进口量达1.45亿吨。但是，我国人均石油消费水平还很低，大约只相当于世界水平的1/3和北美水平的

① 本文写于2007年5月23日。

1/12。在今后较长一段时间内，我国石油总消费量还将不断增加，对外依存度维持较高水平。由于进口量很大，石油贸易的国际定价权对我国利益影响巨大。

在原油国际贸易中，一般以某一种原油的价格作为交易的基准，然后根据具体的交易条件，在基准价格的基础上加一定的升贴水来计价。从世界范围看，国际原油贸易定价一般以美国纽约商业交易所（NYMEX）的轻质原油期货（WTI）和英国伦敦国际石油交易所（IPE）的布伦特原油期货价格作为基准。亚洲虽然也有几种基准油，如迪拜油、阿曼油、米纳斯油、辛塔油等，但是这些油种归根结底受 WTI 和布伦特的影响，最终由 WTI 和布伦特的价格决定。

由于亚洲没有一个与 WTI 和布伦特处于同等地位的定价基准，因此我国进口的原油价格与普氏（PLATTS）报价系统上的迪拜、阿曼油价联动，从而导致价格不能反映东亚地区的真正市场供求关系，使我国的进口原油价格普遍偏高，出现所谓的“亚洲升水”现象。按年进口 1.5 亿吨计，如每桶石油价格升水 1 美元，我国将多支付约 10 亿美元。

积极稳妥地发展石油期货市场，有利于增强我国在国际石油定价方面的话语权。定价话语权是指一个国家的供给与需求信息能够充分有效地反映在国际价格中。我国没有开展石油期货，国内企业参与境外石油期货交易规模较小，使我国对国际石油定价体系的影响力有限，只能被动接受，导致我国作为最大的石油买家，难以享受大宗贸易的优惠，在国际竞争中处于不利地位。

二、上市石油期货是促进我国石油改革的客观要求

上市石油期货，有利于完善石油市场体系，推进石油改革。1998 年以来，我国为适应石油进口增加和加入世贸组织的需要，进行了石油产业重组和流通体制改革，增强了国家的控制力，同时石油相关产品价格与国际市场也逐步接轨。但是，在现行行政主导定价机制下，价格调整滞后问题突出，甚至会造成国内调价与国际油价走势不一致的现象，容易引发流通环节的投机行为，造成一定程度上成品油供应紧张或压库问题，对稳定石油供应产生不利影响；同时，由于国内企业缺少必要的避险工具，在原油价格迅速升高的情况下经营压力较大，使政府通过分次调价来稳定油价、减少冲击的效果并不理想。

按照加入世贸组织对石油行业“三年放开零售、五年放开批发”的承诺，我国已对外开放了石油零售行业和批发行业，今后国内国外两个市场的关系将会更加密切，石油相关企业面临的竞争加大。由于外资企业可以利用境外原油期货市场套期保值，规避经营风险，甚至利用我国行政定价机制进行套利交易，取得更多竞争优势，从而使国内石油相关企业处于不利的竞争地位。

印度经济高速增长，石油消费在初级能源消费中占 30% 左右，石油资源较为短缺，需要大量进口，各方面情况和我国较为相似。印度曾实行政府管理价格的制度，在石油进口量不断增加的情况下，国际油价频繁大幅波动导致国内价格难以控制，于是在 2002 年取消了对石油产品的价格管

制（煤油和液化石油气除外），鼓励外资进入油气勘探和销售领域，并加强对市场的监管。之后，为解决取消价格管制后国内消费者直接面临国际油价波动风险的问题，印度大宗商品交易所（MCX）在2005年上市了原油期货合约。从两年多来的市场运行情况来，由于印度国内主要石油巨头和其他石油相关企业都积极参与期货交易，规避价格风险，使得印度的石油价格市场化改革对经济的负面影响有限，相关石油企业也获益匪浅。

三、上市石油期货是我国企业规避风险的现实需要

石油价格受供需关系、国际政治、投机炒作等多种因素的影响。近年来，国际原油价格波动加剧，纽约商品交易所石油期货价格曾从1999年初的12美元/桶左右，上涨至80美元/桶左右，现在仍然维持在65美元/桶左右。目前，国际形势复杂多变，围绕油气资源的市场竞争更加激烈。从2003～2006年纽约商业交易所的统计看，原油期货中非商业头寸的比例越来越高，石油的金融属性日益明显，不仅原来生产、流通、消费企业等参与石油交易，而且投资基金、大型银行参与石油期货交易的规模也越来越大。据专家估计，近年来原油期货价格中约有8～10美元的"风险溢价"。从目前情况看，国际油价波动剧烈，石油价格中的"风险溢价"可能更高。

上市石油期货，可以为相关企业提供转移价格风险、保持持续发展的有效工具。相关企业可以根据期货价格走势，判断未来石油市场供求，科学制定生产经营决策，增强企业

运营的稳定性，促进整个石油产业的稳定发展。同时，在国内上市原油期货，我们能够掌握制定规则和市场监管的主动性，在一定程度上减少投机，降低价格中的“溢价”成分，减少石油的使用成本。

四、上市石油期货有利于保障我国的石油安全

从石油安全角度看，石油供给是充分而有保障的。石油安全面临的最大挑战是原油的价格风险。20 世纪 70 年代，欧佩克通过联合限产方式，与跨国石油公司在石油定价权方面展开了激烈争夺，致使油价大幅上涨，波动剧烈。1973 年，欧佩克在三四个月之内，将油价从 2.90 美元/桶提高到 11.50 美元/桶；从 1978 年年底到 1980 年年底，欧佩克又将油价从 12.70 美元/桶提高到 32 美元/桶。为适应广大石油相关企业避险需要，争夺原油贸易的国际定价权，纽约商业交易所于 1978 年推出了取暖油期货交易，于 1982 年推出了世界第一个原油期货合约即 WTI 原油期货合约。WTI 原油期货的推出立即吸引了广大石油现货商的参与，交易规模迅速上升，其价格已成为全球原油贸易的重要定价依据，打破了完全由欧佩克确定基准价格的局面。

近年来，随着我国经济对外开放水平的不断提高和与国际经济联系日益密切，我国也不断受到国际原油市场价格波动的冲击，不断承受国际商品价格风险的影响。同时，少数国际基金操纵石油等重要能源和基础原材料价格，使原油价格严重超出经济运行的实际水平，加大了我国经济增长的成本。因此，我国应发展石油期货市场，使我国的供求信息得到充分反映，促进战略资源向我国集中，使国内企业获得“主场”之利和公平的贸易地位，切实保障我国的石油安全。

中美两国农产品期货市场比较分析[①]

一、芝加哥期货交易所（CBOT）：全球最大的农产品期货交易市场

19世纪初期，芝加哥是美国最大的谷物集散地，谷物交易不断集中，远期交易方式逐渐发展起来。1848年，由82位谷物交易商发起组建了芝加哥期货交易所。此后，对交易规则不断加以完善，并于1865年用标准的期货合约取代了远期合同，开始实行保证金制度。芝加哥期货交易所目前是世界上交易规模最大、最具代表性的农产品交易所。

（一）交易品种

芝加哥期货交易所目前交易农产品、利率、道·琼斯和金属等四大类30个品种的期货期权合约。农产品类主要包括玉米、大豆、豆油、豆粕、小麦、糙米等；利率类产品主

① 本文写于2007年6月13日。

要包括 2 年、5 年、10 年、30 年期美国国债；金属类产品主要包括黄金和白银等。

芝加哥期货交易所初期只交易农产品，如玉米、小麦、燕麦和大豆等品种。期货合约经过多年的发展，在农产品的基础上上市了黄金和白银等工业品。1975 年 10 月，芝加哥期货交易所推出第一张金融期货合约，该合约是基于政府全国抵押协会抵押担保证券的期货合约；随着第一种金融期货合约的推出，多种不同金融工具的期货交易被逐渐引入，其中包括美国中长期国库券、股价指数和利率互换产品等。1982 年推出的期货期权成为一项金融创新。

（二）成交规模

2006 年，芝加哥期货交易所期货总成交量比上一年增长 20.87%，达 6.78 亿手，是世界第三大期货交易所。芝加哥期货交易所与大连商品交易所、郑州商品交易所农产品期货合约成交量对比如表 1 和表 2 所示。

表 1　2006 年 CBOT 与 DCE、CZCE 成交量对比（单位：手）

期货品种	芝加哥期货交易所		大连商品交易所		DCE/CBOT（%）
	双边（手数）	折合公吨（单边）	单边（手数）	折合公吨（单边）	按可比公吨
玉米	47 239 893	11 998 932 822	135 290 072	1 352 900 720	11
大豆	22 647 784	6 160 197 248	21 644 574	216 445 740	3
豆油	9 488 524	512 380 296	20 666 012	206 660 120	40
豆粕	9 350 043	1 701 707 826	63 099 338	630 993 380	37
	芝加哥期货交易所		郑州商品交易所		CZCE/CBOT（%）
小麦	16 224 871	4 413 164 912	29 352 476	293 524 760	6

表 2　CBOT、DCE、CZCE 合约规模及换算方法

期货品种	芝加哥期货交易所	大连商品交易所	换算方法
玉米	5 000 蒲式耳	10 吨	5 000 蒲式耳 =127 吨
大豆	5 000 蒲式耳	10 吨	5 000 蒲式耳 =136 吨
豆油	60 000 磅	10 吨	60 000 磅 =27 吨
豆粕	100 短吨	10 吨	100 短吨 =91 吨
	芝加哥期货交易所	郑州商品交易所	
小麦	5 000 蒲式耳	10 吨	5 000 蒲式耳 =136 吨

（三）交易方式

在过去 150 多年中，芝加哥期货交易所的主要交易方式为公开喊价交易，即交易者在交易场内面对面地买卖期货和期权合约。然而，为了满足全球经济增长的需求，芝加哥期货交易所于 1994 年成功推出了第一个电子交易系统；在过去的 10 年中，随着电子交易使用的日益普及，交易所将电子交易系统多次升级。2004 年 1 月，芝加哥期货交易所推出了由领先的 LIFFE CONNECT 交易技术所支持的新电子交易系统。

芝加哥期货交易所在推出新交易系统的同时，也完成了清算业务的转换。芝加哥商业交易所（CME）于 2004 年 1 月开始为芝加哥期货交易所的所有产品提供清算及相关业务服务。CME/CBOT 统一清算平台将两个居主导地位的金融机构结合起来，提高了业务、保证金和资金使用效率。

无论是电子交易还是公开喊价，芝加哥期货交易所的主要功能都是为客户提供一个具有良好公开性和流动性的合约市场，进行价格发现、风险管理和投资。农场主、公司、小企业主、金融服务提供者、国际交易机构及其他个人或机构可通过套期保值的过程来管理价格、利率和汇率风险。

（四）组织结构

在完成公司化改制之前，芝加哥期货交易所是一家实行自律管理、自我监督、非营利的、为会员和个人提供服务的会员制交易所。CBOT 有数种不同类型的会员，不同类型的会员可参与全部或部分在交易所挂牌交易的产品。在约 3 600个会员中，1 400 个为全权会员，全权会员可以参与交易所所有合约的交易。

2005 年 10 月，芝加哥期货交易所在纽约证券交易所（NYSE）成功上市。2006 年 10 月 17 日，芝加哥期货交易所和芝加哥商业交易所（CME）宣布将合并为芝加哥商业交易所集团，合并后的集团将成为世界上最大的衍生产品交易所。

截止到 2007 年 6 月 12 日收市，CBOT 股价为 201.01 美元/股，总股本为 52 843 000 股，总市值高达 106.22 亿美元。

（五）与中国的合作

2003 年 11 月 15 日，芝加哥期货交易所与大连商品交易所在北京签署合作谅解备忘录。

二、芝加哥期货市场与美国农业产业发展

美国芝加哥期货市场起步于谷物期货，其谷物及畜产品的期货市场有上百年的悠久历史，被誉为世界期货的圣地。美国作为世界农业最发达的国家之一，占美国 3% 的农业人

口生产的主要农产品不仅满足了国内需要，而且主要农产品的出口量达世界贸易量的50%。在美国现代农业发展进程中，以芝加哥农产品期货市场为主导的市场机制体系完善、高效，功能发挥充分，发达的农产品期货交易极大地促进了美国农业产业发展，强化了美国在世界农产品市场中的核心地位。

（一）芝加哥农产品期货市场概况

美国芝加哥是世界重要的期货交易中心，全球两大期货交易所——芝加哥期货交易所（CBOT）和芝加哥商业交易所（CME）均发源于此。这两家交易所分别成立于1848年和1874年，历史悠久，发展完善，均列全球前五大期货交易所。CME是世界最大的衍生产品交易所，交易量连续多年位列全球首位。CME主要交易外汇、利率、股指等金融期货，也交易商品期货，是国际上最大的外汇期货交易市场。CBOT和CME都是国际上主要的综合性期货市场，目前交易以金融产品为主，但这两家交易所都以交易农产品期货起步，在其近160年的发展历史中，农产品期货交易品种日益多样、交易规模稳步增长，是美国及国际主要农产品的交易中心和定价中心。

CBOT是国际最大的农产品期货交易所，玉米、大豆等农产品交易均列世界商品期货交易量前列。在交易品种方面，CBOT主要交易玉米、大豆等7种粮食作物以及以粮食为主要原料的生物能源——燃料乙醇等12个农产品期货。2006年，CBOT成交期货合约8.06亿手，其中农产品期货成交量达1.07亿手，比2000年增长了120%。

CME的交易产品非常多元化，农产品期货是CME品种系列中的重要组成部分。CME的农产品交易品种主要包括活牛、生猪等4种畜产品，牛奶类及黄油类产品7种，木材和纸浆2种林产品，以及3种农业生产资料——化肥产品。2006年，CME成交期货合约13亿手，其中农产品成交1 660万手，连续多年保持两位数增长。

（二）芝加哥农产品期货市场特点

1. 农产品期货品种齐全

芝加哥农产品期货市场交易的产品几乎涵盖了农业领域的所有主要产品，包括粮食作物、畜产品、林产品和农业生产资料等。各种农产品期货价格既自成体系、又相互联系，能迅速、高效地反映农产品市场供求状况，为农场主、贸易商和相关加工企业等市场参与者提供了完备的交易工具，有效保障了粮食和其他农产品现货市场的稳步发展。

2. 与现货市场紧密融合

美国粮食和其他农产品的买卖合同都是以期货价格加上对应的基差（现货价格和期货价格的差价）来定价，并通过基差对现货价格进行微调。可以说，期货价格是美国农产品的定价基础。基差定价不仅形成了美国农产品现货市场的定价体系，而且，以期货市场形成的期货价格为基准，各个地区通过不同的基差来形成地区价格，促进了美国统一农产品大市场的形成。

3. 投资者参与广泛

在美国，农产品期货市场的参与主体中有60%是从事生产、流通、贸易、加工的现货商，通过参与期货交易来规避市场风险、获取稳定收益。此外，随着农产品期货市场的发展，其金融属性越来越明显，已经成为重要的投资工具，吸引了大量商品投资基金及中小投资者积极参与，不仅提高了市场流动性，而且形成了合理的市场参与主体结构。

（三）芝加哥农产品期货市场功能发挥情况

1. 期货交易保证了农产品生产、经营的持续稳健发展

在定价方面，CBOT、CME的农产品期货价格是现货贸易环节的定价基准，美国的农业经济已经离不开期货市场的有效运作。农场主、农民合作社、中转仓库、贸易商、加工企业等都将期货市场价格作为重要的生产、仓储、贸易、加工的参考依据。比如，农场主通常根据期货价格来安排下一年度的生产计划，来确定多种大豆还是多种玉米。

在套期保值方面，美国农产品期货市场高度发达、流动性极强，为农业生产和经营者规避风险提供了保证。在国际农产品市场上，每一笔大宗贸易都要在CBOT进行相应的套期保值交易，以规避现货贸易的价格风险。这不仅是农产品国际贸易惯例，而且是美国农民通过政策银行获得农产品信贷的基本条件之一。"9·11"事件后CBOT被迫休市，美国粮商在此期间停止了对国外的报价，充分反映了美国期货市场在现货贸易中的重要性。

2. 期货市场是政府制定、实施农业政策的重要工具

参照期货价格实施相关支持政策。农业属弱势产业，高度市场化带来的负面效应需要政府通过有效手段加以克服。价格政策、补贴政策和信贷支持是美国政府支持农业的主要手段，通过农业支持政策保证农民收入、调控农产品种植结构，而这些政策的具体实施很大程度上是以期货市场价格为参照系的。

将农业补贴政策与期权交易紧密结合。美国农业部从1993年开始把农业补贴政策与期权交易结合起来，通过支

付农场主购买期权的权利金，鼓励农场主进入 CBOT 期权市场购买玉米、大豆、小麦看跌期权，以维持这些农产品的价格水平，有效地保证了农民收入。

鼓励农民和企业利用期货市场进行套期保值。美国在 1936 年、1968 年和 1976 年先后 3 次拓宽被豁免的套期保值的种类和范围，支持农民利用期货市场进行套期保值交易。实践证明这些做法不仅减少了国家的财政支出，稳定了农业生产，而且还提高了农民收入。为了吸引更多的生产者进入期货市场，美国政府还以合作社的形式把分散的粮食生产者集中起来进入期货市场，通过与之相配套的订单农业将中小粮食生产者与期货市场有效连接起来。

3. 美国通过期货市场主导世界农产品贸易

美国政府利用期货市场作为“信息加工厂”的特殊性，通过特定的政策信息对粮食市场进行调控，进而控制国际农产品贸易。在农产品市场调控过程中，当市场偏离政策目标时，美国政府便通过发布在全球具有广泛影响的月度农业供需报告，影响 CBOT 农产品期货市场，进而通过期货市场这一效率极高的信息传导机制达到间接调控的目的。因此，从这个意义上说，期货市场已经成为美国政府进行全球农业调控、取得全球农产品市场定价权的强有力工具。

对美国企业来说，由于拥有完善的农产品期货市场体系的支持，世界上的大型粮商和粮食加工企业大多汇聚美国。这些巨型跨国公司在经济全球化的推动下，通过市场优势和资金实力，已经逐渐建立起国际性的农产品生产、贸易、加工等产业链条，垄断世界农业产业资源，主导世界农产品贸易，获得高额利润。

三、我国农产品期货市场对农业产业发展和农民增收的作用

期货市场是市场经济体系中的重要组成部分，具有发现价格、转移风险等重要功能。充分发挥农产品期货市场的功能，对推动农业发展、促进农民增收具有重要意义。作为以农产品为主的期货交易所，大连商品交易所和郑州商品交易所坚持以推动农业发展、保护农民利益为出发点，积极探索期货市场服务“三农”工作的新路，取得了积极的成效。

（一）充分发挥期货价格信息引导作用，促进农民增收

1. 引导农民调整种植结构，提高种植效益

农民进入市场后，面对的最大风险不再是自然风险，而是价格风险。以集贸市场、批发市场为主的现货市场只反映农产品当期价格，不能担负起为农民提供下一收获季节价格信息的重任，也无法规避农产品市场价格变化的风险。农产品期货市场，能够发现上市品种长达一年以上的远期价格。农民以期货价格为指引，可以改变过去主要根据历史供求情况种粮的做法，更为合理地制定或调整种植计划，提高粮食生产的效益。

2. 引导农民把握卖粮时机，增加销售收益

粮食期货市场价格较为敏感，能够及时反映全国乃至全

球市场的供需变化，引导粮食的现货物流和提高粮食资源的配置效率。普及期货知识和提供期货市场信息，有助于改变粮食流通环节信息不对称状况，引导农民正确把握卖粮时机，较好地增加农民的销售收入。

（二）利用农产品期货市场推动农业产业化经营

农产品生产周期较长、受自然环境影响较大，其价格波动往往比工业品更为剧烈，农民承担着较大的市场风险。但是，由于获取市场信息、组织销售等方面的能力相对欠缺，单个农民很难通过自己的力量规避农产品价格风险，“公司＋农户、期货＋订单”的生产模式则较好地克服了这一困难。同时，期货市场介入农业生产，使粮食主产区政府、企业、农民转变传统观念，更好地理解、掌握和利用市场机制。过去农民依靠感觉、经验、随大流的种地卖粮习惯和经营模式正在发生转变，很多农民过去只会种田，现在既会种田，也懂市场；政府对农业生产的指导也由单纯重生产向生产和市场并重的方向转变；在市场价格的引导下，农民和企业联系更为紧密，农业生产的组织化程度正在提高。

（三）农产品期货市场有助于增强涉农企业的市场竞争力

引导农产品加工企业调整经营策略，实现可持续发展。农产品期货市场流动性强，合约价格是迅速反映市场情况的“晴雨表”。对许多农产品加工、贸易和进出口企业来说，期货市场已成为调整经营策略和方向的“指示器”。

为广大农产品贸易企业提供有效的避险工具。在大连农产品期货市场，目前规模以上玉米、大豆经营企业大部分都参与套期保值交易，回避市场经营风险；许多大型进出口粮食企业依靠在期货市场上套期保值，获得了稳步发展。

（四）推动形成全国统一的粮食大市场

农产品期货价格信息公开透明，对现货市场有较大的影响力。期货市场价格可以将国家宏观调控政策及市场供需信息第一时间传递到市场的各个层面。农民通过了解期货市场，可以及时、充分地掌握市场信息，改变了以往市场信息传递环节多、传递周期长、贸易商截留等情况，使粮食现货市场价格传导时间大大缩短。同时，随着期货市场不断发展，越来越多的企业利用基差定价的方式签订贸易合同，逐渐打破了过去各地粮食现货市场相对分割的局面，使地区之间现货价格的差异不断缩小，真正形成了全国性的市场体系。

（五）促进农产品进出口贸易，增强农产品国际竞争力

近年来，国际大宗商品价格大幅波动，我国广大企业承受了很大的市场风险。农产品期货市场的快速发展，为我国企业提供了有效的避险工具。相关企业利用期货市场，增强了企业经营的计划性，使企业原料进口能够根据所需有序进行；规避了国际贸易的价格风险，增强了企业竞争力。